KB088851

히스토리 ✕ 메디슨

히스토리 ✕ 메디슨

살리려는 자와 죽이려는 자를 둘러싼 숨막히는 약의 역사

HISTORY MEDICINE

송은호 지음

카시오페아
Cassiopeia

세계사 속 그들이
'그 약'을 선택한 이유

주인공이 죽는 엔딩의 영화를 보고 나면 이런 생각이 든다.

'내 인생의 마지막은 어떻게 끝날까?'

영화처럼 악당들과 17대 1로 싸우다 죽을까? 어쩌면 전쟁터 한가운데서 총을 맞고 죽을지도 모른다. 교통사고나 심장마비로 허망하게 목숨을 잃을지도 모른다. 또는 사랑하는 사람을 위해 이 한 몸 희생한다면 그것만큼 로맨틱한 엔딩도 없을 것이다. 사람 인생은 한 치 앞도 모른다고 했다. 하지만 지금까지 기록돼온 타인들의 죽음을 살펴보면 내 인생이 어떻게 마무리될지 어느 정도 예측할 수 있지 않을까?

통계청이 발표한 〈2019년 사망 원인 통계〉에 따르면, 세대를 통틀어 한국인의 10대 사망 원인은 1위가 암, 2위가 심장병, 3위가 폐렴, 그다음으로 뇌혈관 질환, 자살, 당뇨, 치매, 간 질환, 호흡기 질환, 고혈압 순이다. 안타깝게도 여기서 우리가 상상하는 드라마틱한 엔딩은 없다. 소설과 영화 속 주인공이 아니라면 위의 이유 중 하나가 우리의 마지막 모습이 될 가능성이 크다.

인간의 죽음 원인 1위, 질병

전 인류의 역사를 통틀어서 인간이 가장 많이 죽은 원인은 '질병'이다. 질병은 과거에도 현재에도 인간이 죽는 가장 큰 원인이고, 앞으로도 그럴 것이다. 학자들에 따르면, 지금까지 지구에서 태어난 인류 중 절반이 모기가 전염시키는 '말라리아Malaria' 때문에 사망했다고 하며, 호흡기 감염을 일으키는 '결핵Tuberculosis' 때문에 인류의 7분의 1이 사망했다고 한다. 가까운 2002년에 전염병으로만 죽은 사람이 1,400만 명으로 집계됐다. 6·25전쟁으로 죽은 사람의 수가 260만 명 정도라고 하니 전쟁보다 병이 더 무섭지 않은가?

현재 전 세계에서 유행 중인 코로나바이러스감염증-19(이하 코로나-19)는 어떤가? 미국에서 코로나-19가 발병한 뒤 1년 만에 40만 명의 사망자 수를 기록했다. 이 숫자는 미국이 제2차 세계 대전에 참전해 4년 동안 전쟁터에서 죽은 미군 수를 합친 것과 같다. 질병은 이처럼 인류가 만든 무기보다 훨씬 빠르고 효율적으로 우리의 목숨을 앗아갔다.

인류의 역사에서 크고 작은 전쟁이 끊임없이 일어났던 것처럼 질병 역시 크고 작은 병이 주기적으로 나타났다. 악명이 높았던 질병을 몇 가지 꼽아보자면, 500년대에 유행한 유스티니아누스Justinianus 역병, '흑사병'이라 불리던 14세기 중기의 페스트Pest는 유럽 인구의 절반을 죽였다. 19세기 시작된 콜레라Cholera는 유행과 쇠퇴를 거듭하며 현재 7차 대유행까지 그 명맥을 이어오고 있다. 스페인 독감Spanish Flu은 1918년에 처음 발생해 2년 동안 전 세계에서 2,500~5,000만 명의 목숨을 앗아갔다. 매년 변이가 나타나는 인플루엔자Influenza 때문에 우리는 매년 독감 백신을 맞는다.

주기적으로 전염병이 등장하는 이유는 여러 가지 설이 있다. 자연이 늘어난 인구수를 억제하는 방법이라는 설도 있고, 지구 온난화 때문에 잠들어 있던 병원체가 등장한 것이라는 설, 야생 동물을 잡아먹어서 그렇다는 설 등 여러 설이 있지만, 확실한 사실은 지금의 코로나-19 역시 인류가 마주한 여러 위기 중 하나일 것이라는 사실이다.

반대로 사람을 가장 많이 살린 것은 무엇일까? 예상했듯이 '약'이다. 훌륭한 의사는 본인이 집도한 환자 1명을 살려내지만, 좋은 약은 수많은 환자의 목숨을 구한다. 병이 심해지기 전에 막아주기도 하고 아예 질병을 종식시키기도 한다. 예를 들어보자. 병원에서 흔하게 처방되는 약 중 하나는 세균 감염을 막아주는 항생제Antibiotics다. 항생제 덕분에 미국에서만 1년에 20만 명이 목숨을 구한다. 그것도 매년 말이다. 우리가 어릴 때 맞는 예방 접종 백신은 전 세계적으로 200~300만 명의 목숨을 매년 구한다. 현재 전 세계를 공포로 몰아간 코로나-19 바이러스의 재유행과 새로운 변이바이러스 등장으로 인해 세계 보건 당국은 백신 개발과 접종을 서두르고 있다. 다행히 2022년 5월 기준으로 우리나라 국민의 87퍼센트가 백신을 접종했으나, 전 세계 인구의 백신 접종률은 65퍼센트로 아직 갈 일이 멀다. 때문에 제약 회사와 전 세계 보건 당국은 백신 개발과 생산, 그리고 특히 접종에 사활을 걸고 있다.

마법 같은 연금술로 발전된 의학

르네상스 시기 연금술사는 역사를 통틀어 질병으로부터 인류를 구하기 위해 가장 노력한 인물 중 하나다.

"차가운 2마리의 용이 있다. 둘은 각각 자신의 꼬리를 물고 있다. 이들은 날카로운 이빨을 가졌고, 불을 내뿜으며, 배속에 보이지 않는 정기로 가득하다."

판타지 책의 한 구절인가 싶겠지만 이것은 실제 연금술사가 남긴 한 기록이다. 당대의 연금술은 기술이라기보다는 과학과 마법이 혼재하는 '신비로운 학문'이었다. 여기서 '차가운 2마리의 용'은 '초석'을 말한다. 초석은 질산칼륨$^{Potassium\ Nitrate,}$ ^{KNO_3}으로 된 광물의 일종으로, 온도가 낮은 지하실이나 동굴에서 발견됐다. 강한 산성 물질인 질산$^{Nitric\ Acid,\ HNO_3}$이 들어 있어 학자들은 초석을 '불을 내뿜는 차가운 용'이라 표현했다. '눈에 보이지 않는 정기'는 '산소'를 의미했다.

화학을 뜻하는 영어 단어 'Chemistry'와 연금술의 'Alchemy'가 어쩐지 닮아 있는 것처럼 보인다. 사실이 그러하다. 화학이 연금술에서 기원했기 때문이다. 공통으로 들어가는 'chemi'는 그리스어로 '빚어낸다'를 의미한다. 즉, 연금술은 무언가를 만들어내는 '빚어냄의 학문'이다. 당시 사람들은 완벽한 창조물인 인간을 신이 빚어서 만든 것처럼, 인간 역시 신의 뜻을 이어받아 완벽한 창조물을 만드는 것이 창조주에 대한 의무라고 생각했다. 그래서 그들은 자연의 재료를 이용해 신에 가까운 무언가를 창조해내기 시작했고, 이것이 바로 '연금술'이다.

많은 이들이 연금술을 단순히 '쇳덩어리를 금으로 바꾸는 기술' 정도로만 알고 있다. 하지만 이것은 연금술의 목적 중 극히 일부분이다. 연금술의 목적에는 단순히 금 제조뿐만이 아니라 살아 있는 인간의 창조, 영혼의 성장, 정신적 완성, 영원한 젊음, 높은 삶의 질과 행복 역시 포함돼 있다. 다시 말해 기술이나 학문을 넘어 종교적이고 철학적인 목적 역시 가지고 있었다. 연금술사들은 책에 적힌 각종 정령에 관한 이야기와 상징들, 형이상학적 문구들이 가득한 서적을 보고 실험을 하며 일생을 바쳤다.

"연금술은 살라만더의 정령Salamander, 불의 정령을 이용해 자연 물질에 놀라운 변화를 일으킨다. 그 목적은 사람들에게 가장 유익한 것을 만들어내기 위함이다."

16세기에 활동한 연금술사인 파라셀수스Paracelsus도 그중 1명이다. 파라셀수스는 '현대 약학의 시초'가 되는 인물이기에 약사의 조상 격이라 할 수 있다. 그는 인간에게 가장 유익한 것은 금이 아닌 '질병을 치료하는 약'이라고 생각했다. 그래서 금을 제조하는 대신 불로불사의 약인 아르카나Arcana를 만드는데 평생을 바쳤다. 당시 유럽은 페스트로 많은 유럽인이 죽었고, 그 외 결핵과 세균 감염 등 여러 질병으로 사람들이 고통받고 있었다. 반면 유럽 의술은 고대 그리스 시대 수준에서 벗어나지 못하고 있었다. 의학자들이 오래된 답습을 맹신하고 책과 이론으로만 의학을 연구했기 때문이다. 그런 전통적 의학에 반기를 들었던 파라셀수스는 제자들 앞에서 의학 서적을 쌓아놓고 불태우면서 이렇게 말했다.

"실험과 경험, 그리고 현상 이면의 정수를 볼 수 있는 숙고! 이것에 근거하지 않는 모든 의학은 쓰레기다!"

그는 유럽과 아랍을 여행하며 수많은 사람을 만났다. 배움을 얻을 수 있다면 귀천을 가리지 않았다. 백정, 농부, 이발사부터 거지, 심지어 마녀라 불리던 사람들을 만나며 효능이 있다는 약초와 오래된 치료법을 연구했다. 연금술을 통해 추출한 정수를 입을 통해 약으로 먹을 수 있음을 알아내고, 화학 실험을 통해 합성한 금속들로 환자들을 치료하기 시작했다. 자신이 만든 상처 연고로 전쟁 부상자들을 치료하고 특제 매독약으로 죽어가는 사람을 살렸다. 오늘날 우리가 사용하는 수많은 약이 화학적으로 합성돼 만들어지는데, 파라셀수스가 그 시초 역할을 한 셈이다.

평생을 독신으로 살다가 생을 마감한 그는 자신이 가진 모든 재산을 가난한 사람들에게 기부했다. 오스트리아에 있는 성

세바스티안 교회에 그의 무덤이 있는데, 해마다 역병이 돌면 온 마을 사람들이 그곳을 찾아가 연금술사가 주는 치료의 기운을 받는다고 한다. 사실 그의 죽음에는 여러 소문이 무성하다. 그가 마침내 불로불사의 약을 발견해서 죽음을 위장하고 아직까지 살아 있다는 이야기도 있고, 밤마다 성 세바스티안 교회에는 자신의 실험 기록을 찾기 위해 파라셀수스의 영혼이 돌아다닌다는 소문도 있다. 믿거나 말거나다.

이제 약은 마법과 비과학의 영역에서 과학의 영역으로 바뀌었다. 그렇지만 약학이 추구하는 가치는 과거 연금술이 추구하던 가치와 크게 다르지 않다. 우리는 여전히 질병의 공포로부터 해방되고 싶어 하고, 필멸의 죽음으로부터 자유로워지고 싶으며, 영원한 젊음을 누리고 싶어 한다. 더 나아가 삶의 질을 높이고, 활기찬 육체와 총명한 정신을 가지고 싶어 한다. 성생활이나 탈모, 여드름 같은 치부마저 약을 통해 해결하려 한다. 꾸준히 발전하고 매번 새로운 발견이 등장하는 현대 약학은 그야말로 놀라울 정도다.

수많은 사람의 희생과 죽음으로 탄생하다

약의 발전에 가장 크게 이바지한 것은 아이러니하게도 전쟁이다. 제1차 세계 대전과 제2차 세계 대전 동안 오늘날 우리가 접하는 수많은 약과 제약 기술, 의학 기술의 토대가 세워졌다 해도 과언이 아니다. 인간을 살리는 약은 곧 병력의 손실을 막을 수 있었고 군인들의 전투력 유지와도 직결됐다. 지금은 신약을 만들려면 수많은 임상 시험과 까다로운 규정을 거쳐야 하지만, 기관총과 포탄이 끊임없이 날아오는 전쟁터에서는 새로운 약을 시험할 수 있는 환자들이 넘쳐났다. 전쟁이라는 참상 앞에선 실험 절차도 환자 인권도 중요치 않았다. 그 덕분에 수많은 신약이 개발됐다. 총알 맞은 군인들을 하루빨리 전선에 복귀시키기 위해 항생제가 개발됐고, 군인이 가득한 초소에서 유행하는 인플루엔자를 치료하기 위해 해열제가 보급됐다. 비행기 고도를 높이기 위한 국가 간의 경쟁은 스테로이드Steroid 항염증약을 탄생시켰다.

전쟁 속 약의 개발 뒤에는 어두운 면도 있다. 중국 헤이룽장성 하얼빈의 일제 관동군 사하 세균전 부대인 '731부대의 인체 실험'은 특히 대한민국 역사에서 가장 가슴 아프며 충격적인 역사로 자리 잡고 있다. 당시 일본의 수많은 의학 박사가 생화학 무기와 백신, 신약 개발을 위해 살아 있는 사람들을 대상으로 잔혹한 인체 실험을 시행했고, 그 대상은 대부분 포로와 죄수로 잡힌 중국인과 한국인이었다. 일본인들은 죄수들에게 페

스트나 티푸스Typhus 세균을 강제로 주사해 감염시킨 뒤 어떻게 환자가 사망하는지 관찰하고, 신약을 먹이면 살아나는지 실험했다. 그렇게 1936년부터 1945년까지 수많은 죄수들이 통나무를 의미하는 '마루타Maruta'로 불리며 끔찍한 실험의 희생자가 됐다.

황당하게도 일본이 패전한 후 미군에 붙잡힌 731부대의 수장과 수뇌부들은 어떤 처벌도 받지 않았다. 끔찍한 실험으로 얻은 실험 데이터와 의학 지식을 미군들이 눈독 들였기 때문이다. 미국은 731부대의 실험 결과와 데이터를 넘겨받는 대신 731부대 관련자들에게 어떤 처벌도 내리지 않았다. 그 후 731부대의 주요 수뇌부들은 일본에서 제약 회사를 세웠고, 오늘날 일본 제약계의 근간이 됐다. 그 외에도 많은 제약 회사들이 전쟁의 상흔을 기회로 이용해 지금의 거대 제약 회사가 됐다.

코로나-19 치료제인 몰누피라비르Molnupiravir 제조사로 유명한 머크는 사실 제2차 세계 대전 때 나치를 위해 모르핀Morphine을 생산해주던 곳이었다. 세계에서 가장 많이 팔린다는 해열진통제인 아스피린Aspirin을 만드는 바이엘은 독일 나치당의 유대인 인체 실험에 관여했다는 혐의로 아직도 수많은 소송 중에 있다. 독가스 생산을 하던 IG파르벤은 나치당을 전폭적으로 지원해 별명이 '히틀러의 전쟁 기계'였는데, 전쟁이 끝난 후 독가스 생산 기술로 오늘날 제초제와 살충제를 개발했다. 사람의 목숨을 구하기 위해 개발됐던 약은 아이러니하게도 수많은 사람의 희생과 죽음 속에서 탄생했다.

때로는 살리고, 때로는 죽이는 약

이외에도 약은 치료 과정에서 고통을 덜 느끼기 위해, 좀 더 편한 인생을 살기 위해, 대머리나 발기 부전과 같이 말 못 할 고민거리를 해결하기 위해 사용되고 있다. 그렇다고 약이 꼭 사람을 살리고 돕는 용도로만 쓰였을까? 약의 종류는 무궁무진하고 약이라고 꼭 사람을 살리기만 하는 것도 아니다. 우리가 알고 있는 사약도, 독약도 모두 '약'이다.

실제 역사 속에서 약은 많은 역할을 했다. 죽어가던 영웅을 살리고, 소리 없이 은밀하게 적을 죽였으며, 예술가에게는 영감을, 명상가에게는 마음의 평안을, 정치가에게는 권력을, 군인에게는 광기를, 운동 선수에게는 승리를 가져다줬다. 인간의 역사가 '욕망의 역사'라고 한다면, 약은 '인간의 욕망을 드러내는 가장 좋은 도구'이자 '인간의 사회적·시대적 욕망이 실체화된 존재'라 할 수 있다.

오페라 〈로미오와 줄리엣Romeo and Juliet〉에서 줄리엣은 독약을 먹고 자신의 죽음을 위장한 후에 로미오와 사랑의 도피를 떠나려 한다. 하지만 이 독약은 오히려 로미오가 슬픔에 빠져 자살을 택하게 하는 비극적인 결말의 장치가 된다. 영국 극작가 윌리엄 셰익스피어William Shakespeare의 희극 〈한여름 밤의 꿈A Midsummer Night's Dream〉에서는 마법의 묘약이 눈에 넣는 점안액으로 등장한다. 무협지에서는 내공을 올려주는 환으로 만든 알약이 나온다. 영국 추리 소설가 아가사 크리스티Agatha Christie는 약사의 경험을 살려 독약이 등장하는 소설로 거장의 반열에 올랐다. 이처럼 신화, 문학, 드라마, 영화 등 여러 이야기 속에서 약은 수없이 등장한다. 불멸의 약처럼 때로는 누군가 만들고자 하는 목표가 되기도 하고, 때로는 무언가를 얻거나 이야기를 극적으로 전개시키는 장치가 되기도 한다.

약이라는 주제 하나만 가지고도 그와 관련된 재미있는 이야기가 가득하다. 이야기 속에서도 그렇듯, 약의 역사를 살펴보면 오늘날 인간 욕망의 역사가 어떻게 흘러왔는지 알 수 있다. 또한 약이 인간의 역사에 어떤 변화를 가져왔는지도 엿볼 수 있다. 그러면 지금부터 살리려는 자와 죽이려는 자를 둘러싼 숨막히는 약의 역사 속으로 들어가보자.

목차

01

마지막까지
그가 지키고자 했던
것은 무엇인가?

헴록 × 소크라테스

기원전 399년 봄, 그리스 아테네의 아고라 광장에는 그 어
느 때보다 많은 사람이 모였다. 500명의 배심원이 참석한 재판
한가운데, 아테네에서 가장 유명한 철학자가 그 중심에 서 있
었다. 바로 소크라테스Socrates였다. 배심원 1명이 일어서서 그를
향해 소리쳤다.

　"소크라테스! 신을 믿지 않은 죄, 아테네의 젊은이들을 타락
시킨 죄로 사형에 처한다!"

　법정 최고형인 '사형'이 선고됐다.

　'자, 이제 죄인이 목숨만은 살려달라 빌게 될 것이다'라고
배심원들은 생각했다. 그러나 소크라테스는 변호인도 없이 법
정에 올라서서 스스로 자신을 변호하기 시작했다.

"사랑하는 아테네 시민 여러분! 나는 그대들보다 신에게 복종하는 자입니다. 내 목숨이 붙어 있는 한, 나는 진리를 탐구하고 그대들에게 가르침을 주는 일을 그만두지 않을 것입니다."

소크라테스는 그 후 오랜 시간 감옥에서 시간을 보냈다. 그의 사형 집행일이 얼마 남지 않은 어느 밤, 한 무리의 젊은이들이 감옥으로 찾아왔다.

"선생님. 배를 준비해뒀습니다. 간수에게 말을 해뒀으니 그냥 나오기만 하시면 됩니다."

젊은이들은 그의 제자들이었다. 그들은 교도원들을 매수해서 감옥 문을 열어놓고 다른 나라로 가는 배를 준비해놓았다. 사형 집행까지 남은 시간이 얼마 없었다. 하지만 스승은 의자에 앉아서 덤덤하게 자신의 죽음을 기다릴 뿐이었다.

"자, 사약이 준비됐으면 어서 가져오시게."

소크라테스는 제자들을 향해 말했다. 그러자 제자이자 절친한 동료인 크리토Crito가 이를 말렸다. 사형을 막지 못한다면 시간만이라도 늦추기 위해 이렇게 말했다.

"선생님, 해가 아직 산 위에 걸려 있습니다. 제가 알기로는 다른 사람들은 사약이 준비된 뒤에도 한참 후에야 마신 것으로 압니다. 그 사이 먹고 마시며 사랑하는 사람들과 시간을 즐기는 것이지요. 시간은 많으니 너무 서두르지 마십시오."

소크라테스가 흐릿한 미소를 띠며 그를 바라봤다. 크리토는 그에게서 이미 모든 것을 해탈하고 진리를 얻은 당당한 자의 모습을 봤다.

"내가 사약을 마시는 시간을 조금 미룬다고 해서 얻는 것이 뭐가 있겠는가. 오히려 삶에 집착하고 매달린다면 나 자신이 너무 우습지 않겠는가. 자, 더 고집부리지 말고 내가 시키는 대로 해주시게나."

크리토는 그의 말에서 확고한 의지를 느끼고 마음을 돌릴 수 없음을 깨달았다. 결국 그는 옆에 있던 소년에게 고개를 끄덕였다. 소년은 밖으로 나가 한참 후 사형 집행인을 데리고 왔다. 그의 손에는 사약이 들려 있었다.

소크라테스

"악법도 법이다", "너 자신을 알라" 등 철학자 소크라테스를 모르더라도 이 명언들은 살면서 한 번쯤 들어봤을 것이다. 서양 철학사를 읽으면 가장 앞에 등장하는 인물이 바로 고대 그리스 철학자들이다.

흔히 '고대 그리스 대표 철학자'를 언급할 때 빠지지 않고 등장하는 인물이 소크라테스, 플라톤Platon, 아리스토텔레스Aristoteles다. 아리스토텔레스의 스승이 플라톤이고, 플라톤의 스승이 소크라테스다. 따라서 소크라테스는 고대 그리스 철학, 더 나아가 서양 철학의 시작을 연 인물이라 할 수 있다. 만약 소크라테스의 가르침이 없었다면 기나긴 인류의 철학은 분명 다른 모습이거나 훨씬 늦게 등장했을 것이다. 또한 인류 문명의 정신적 지주 역할을 한 '철학'이 없었다면 인류는 여전히 야만인의 문명에 머물러 있었을 것이다. 현재 우리 사회를 구성하는 수많은 이념과 사상, 우리가 가진 사고들은 대부분 소크라테스의 가르침에서 파생됐다.

한 위대한 인물의 탄생과 업적만큼이나 중요한 것이 바로 죽음이다. 위인의 죽음을 통해 그 숭고함과 위대함이 더 강조되기 때문이다. 불교의 석가모니釋迦牟尼, 그리스도교의 예수Jesus, 중국의 공자孔子와 함께 '세계 4대 성인'으로 불리는 소크라테스. 그의 죽음은 다른 위대한 성인들의 죽음만큼이나 의미가 있고 살펴볼 가치가 충분하다.

: 우리가 생각하는 사약의 모습이 아니다?

아주 먼 옛날, 사람들은 수렵 채집 생활을 시작하면서 몇몇 식물들이 단순히 식량 그 이상의 가치를 지니고 있음을 발견했다. 어떤 식물들은 먹으면 병이 치료되고, 힘이 솟아나고, 통증을 사라지게 하는 등 여러 가지 이로운 성질을 가지고 있었다. 사람들은 이것들을 '약초'라 불렀다. 약초는 오랫동안 꾸준한 경험과 연구를 통해 효과와 특성이 알려졌고, 질병을 치료하고 신체의 문제를 해결해주는 데 요긴하게 쓰였다.

그러나 동시에 치료와 반대로 생명을 쉽게 죽일 수 있는 독성을 가진 식물도 있음을 발견했고, 이를 '독초'라고 불렀다. 처음 독초를 연구할 때만 해도 식물들 사이에서 독초를 구분해내고 피하는 것이 중요했지만, 시간이 지나면서 독초를 다른 용도로 사용할 수 있음을 깨달았다. 화살촉이나 창끝에 바르거나 미끼에 숨겨 먹이면 사냥감을 간단히 잡을 수 있다는 사실을 알아낸 것이다. 이후 독초는 사냥감에서 점차 사람에게도 쓰이기 시작했다. 그 방법 중 하나가 바로 '사약'이었다.

사형수를 죽이는 방법에는 교수형, 참수형, 화형, 거열, 십자가형 등 여러 가지가 있다. 그중에서도 정치 사범의 경우 '사약'을 통한 사형이 많았다. 사약형의 경우 다른 처형 방법들과 달리 피가 튀거나 신체의 손상이 없다. 대중들 앞에서 신체의 손상을 입으며 죽임을 당하는 것은 고인에 대한 모독이라고 생각했기에 사약형은 그나마 다른 형벌보다 '품위 있는 죽음'이었다. 우리나라 역시 신체를 훼손하는 죽음은 수치스럽다고 여겼기에 정치 사범의 경우 대부분 사약을 통해 형을 집행했다. 벌을 내리는 임금 입장에서도 사약은 죄인을 배려한 것이라 볼 수 있다. 사약의 '사'자가 죽을 사死가 아닌 하사할 사賜를 쓰는 이유도 그런 이유다. 사약을 받고 죽은 사람들로는 장희빈으로 알고 있는 희빈 장씨, 기묘사화로 죽임을 당한 조광조와 70명의 신하, 조선 후기 문신 송시열, 연산군의 어머니 폐비 윤씨 등이 유명하다.

많은 사람이 드라마와 영화를 보고 착각하는 것 중 하나가 '사약을 먹고 죽는 죄인의 모습'이다. 사약을 먹자마자 몸을 부르르 떨면서 "윽!" 하는 외마디와 함께 입에서 피를 왈칵 토하며 이내 죽는 모습을 상상한다. 하지만 실상은 그렇지 않다. 당시만 해도 사약을 만들 때 특정한 독성 화학 물질만 따로 추출해 만드는 것이 아니라 독이 있는 식물의 즙을 짜서 만들었다. 그러다 보니 식물 안의 독성뿐만 아니라 다른 성분들도 함께 들어가 순도가 그리 높지 않았다. 때문에 사람을 죽이려면 상대적으로 많은 양의 독을 확보해야 했다. 약효가 약한 탓에

약 1사발로 사망하지 않는 경우가 많았다. 대표적인 사례로 조선 후기 문신이었던 송시열은 사약을 2사발 마셨는데도 죽지 않자 연달아 3사발을 마시고 나서야 사망했다고 한다. 조선 중기 문신이었던 임형수는 사약 18사발을 먹고도 죽지 않아 어쩔 수 없이 목을 졸라 죽였다는 기록이 있다. 또한 사약을 먹자마자 바로 사망하지도 않았다. 인체에 흡수돼 작용하는 시간이 꽤 걸렸고, 신경에 작용해 죽음에 이르게 하는 독이 대부분이라 피를 토하며 죽는 모습도 보이지 않았다.

현대에 들어서도 사약형은 사형을 집행하는 가장 보편적인 방법이다. 우리나라에서는 사실상 사형이 집행되지 않지만 미국의 경우 50개 중 사형제를 시행하는 30개 주가 약물을 통한 사형 집행을 시행하고 있다. 기존에는 전기 의자형이나 총살형, 교수형을 시행했으나 그 과정이 너무나 잔인하고 비인륜적이라는 이유로 2000년대 이후부터는 약물을 사용하고 있다. 정맥으로 주사하는 이 약물이 오늘날의 사약인 셈이다.

보통 총 3단계로 약물을 주사한다. 첫 번째로 소듐 티오펜탈Sodium Thiopental이라는 전신 마취 약물을 주입하면 사형수는 35~45초 만에 의식을 잃는다. 그다음 근육을 마비시키는 판크로늄 브로마이드Pancuronium Bromide를 주입하는데, 이때 사형수의 생존에 필요한 근육들이 서서히 마비된다. 이후 호흡근이 마비

되면서 질식으로 사망하는 경우도 있다. 그다음 주입하는 염화 칼륨Potassium Chloride은 치명적인 심장 마비를 일으킴으로써 죽음을 초래한다. 3단계로 약물을 주입해 사형수를 죽이는 이유는 염화칼륨만 투여하면 사형수가 끔찍한 고통을 겪으면서 사망하기 때문이다. 이 모든 일련의 과정이 단 10분 만에 끝난다. 잠이 들 듯 죽음에 빠져드니 이 과정 역시 우리 생각만큼 드라마틱하지 않다.

：위대한 철학자의 죽음을 장식한 햄록

다음 그림은 자크 루이 다비드Jacques Louis David가 그린 〈소크라테스의 죽음The Death of Socrates〉이다. 다비드는 신고전주의를 대표하는 프랑스 화가로, 1700년대에 플라톤의 《대화편The Dialogue》에서 영감을 얻어 이 작품을 완성했다. 그림 속 소크라테스의 모습을 살펴보자. 다비드는 일부러 죽음을 슬퍼하는 어두운 제자들 사이에서 소크라테스가 돋보이도록 밝게 표현했다. 더불어 화려한 옷을 입고 있는 제자들과 달리 수수한 흰옷을 입혀 오히려 그의 고귀함을 강조했다. 보통의 철학자처럼 보이지 않는 튼튼하고 다부진 그의 몸은 그가 오랫동안 군인으로 몸을 단련해왔음을 보여준다.

그림에서 가장 왼쪽에 위치한 침대를 등지고 앉은 노인은 제자 플라톤이고, 앉아서 그의 허벅지를 붙잡고 슬퍼하고 있는 사람은 크리톤이다. 소크라테스는 사약을 받음과 동시에 진리를 탐구하는 철학자로서의 대표적인 포즈인 '하늘을 가리키는 자세'를 취하고 있다. 아마도 자신이 사약을 받는 것이 하늘의 뜻임을 간접적으로 전하고 있는 듯하다.

다비드 작품의 한가운데를 차지하고 있는 사약에 자연스레 눈이 간다. 그의 마지막을 장식한 사약에는 과연 무엇이 들어 있었을까? 소크라테스는 자신의 기록을 스스로 남기지 않은

자크 루이 다비드, 〈소크라테스의 죽음〉

철학자다. 대신 그의 제자인 플라톤이 쓴《소크라테스의 변명 Apologia Socrates》을 보면 소크라테스가 죽는 과정이 자세하게 묘사돼 있다. 덕분에 전문가들은 그가 마신 사약이 어떤 약인지 알아낼 수 있었다. 소크라테스를 죽음에 이르게 한 사약은 헴록Hemlock, 독 당근, 독 미나리라고도 불림이라고 부르는 식물이다. 겉보기에는 평범한 이 식물은 씨앗과 줄기, 잎을 포함해서 강한 신경독을 가지고 있다. 유럽, 북아프리카, 서아시아가 원산지로 추측되며, 잡초 그룹에 속하기 때문에 환경만 맞는다면 고속 도로 옆이나 쓰레기장, 넓은 평원에서도 잘 자란다. 지금도 미국

헴록

에서는 헴록을 먹고 쓰러지는 가축들 때문에 연간 약 10~20억 달러의 손실을 본다. 또 시골 사람들이 헴록을 '먹을 수 있는 나물'로 착각하고 먹어서 응급실에 실려 오는 사례가 종종 있다고 한다. 영국에서는 한 남성이 소크라테스의 죽음을 모방해 헴록즙을 먹고 자살한 사

건도 있었다.

헴록은 오랫동안 쓰였던 독약인 만큼 여러 가지 이름으로 불렸다. '헴릭Hemlic', '독 파슬리Poison Parsley', 소들이 잘못 먹고 죽는 경우가 많아 '소의 독Cowbane'이라고도 불렸다. 참고로 헴록이라는 명칭은 셰익스피어의 《헨리 5세Henry V》에서 처음 등장했다. 《헨리 5세》에서 시골에 대한 묘사를 할 때 "헴록이 우거지는 곳"이라는 표현을 사용했는데 그만큼 헴록이 잘 자란다는 사실을 알 수 있다.

헴록이라는 식물 안에는 다양한 성분들이 있지만, 가장 대표적인 독성분은 코닌Coniin이라는 알칼로이드Alkaloids 성분이다. 알칼로이드는 강한 생리 작용을 일으키는 식물 속 성분이다. 코닌이란 단어는 헴록을 먹으면 현기증을 느끼기 때문에 '현기증'을 뜻하는 그리스어 'knas'에서 유래됐다고 한다. 이름이 담배 속 유해물질인 니코틴Nicotine과 비슷한데, 실제로 코닌과 니코틴은 구조상 가까운 친척 관계다. 코닌은 인체 활동 시 신경과 신경, 신경과 근육 사이에서 신호를 전달하는 역할인 아세틸콜린Acetylcholine이라는 물질의 작용을 방해한다. 이 아세틸콜린을 방해하는 기전으로 우리 몸은 일종의 마비 증상을 겪게 된다.

코닌을 이용한 여러 실험 결과가 있는데, 토끼의 심장 박동

수를 떨어뜨리거나 고양이에게 투여했을 경우 호흡 기능 상실과 행동과 판단을 느려지게 했다. 이는 사람에게도 비슷한 작용을 일으킨다. 먼저 몸이 천천히 마비되고 인체의 감각이 둔해진다. 손과 발부터 점점 차가워지면서 근육이 뻣뻣해지기 시작한다. 이윽고 신경이 몽롱해지고 시야가 흐릿해지거나 상실되기도 한다. 마지막으로 죽음으로 이끄는 것은 호흡에 필요한 근육이 마비됨으로써 오는 호흡 기능 상실이다. 오늘날 쓰는 사형 주사에서 2단계 주사의 역할을 하는 셈이다. 코닌은 3밀리그램 정도면 독성 증상을 유발한다. 인체는 최대 150~300밀리그램 양의 코닌을 버틸 수 있는데, 이 양은 헴록 6~8잎 정도에서 추출되는 양(6그램)이라고 한다.

마비 작용을 일으키는 마취약을 우리가 사용하듯 헴록도 처음에는 약으로 썼다. 그리스와 아라비아에서는 종양이나 부기와 관절 통증 치료에 사용됐고, 광견병이나 통풍으로 인한 통증 제거에도 쓰였다고 한다. 그 후 용량을 많이 쓰면 사망할 수 있음을 발견하고는 대표적인 사약으로 사용됐다.

: 죽음 앞에서 남긴 최후의 교훈

"자, 선량한 자여. 내가 어떻게 하면 되겠는가?"

소크라테스가 사약을 들고 온 젊은 집행인에게 물었다.

"간단합니다. 먼저 약을 드신 후에 좀 걸으십시오. 그러다 다리가 뻣뻣해질 때 누우시면 됩니다. 그러면 약이 알아서 제 할 일을 할 것입니다."

집행인이 사약을 내밀었다. 그에게 주어진 사약에는 헴록뿐만 아니라 마약성 진통제인 아편Opium과 나무의 수액에서 채취한 몰약Myrrh과 포도주가 함께 섞여 있었다. 죽기 직전 치명적인 고통을 겪는 사형수에 대한 일종의 배려였다. 또 다른 이유로는 이렇게 하면 헴록의 마비 효과를 더욱 극대화시킬 수 있기 때문이었다. 그는 사약을 마시기 직전, 이 약이 평온한 죽음을 가져다주길 바라며 건강의 신에게 감사 기도를 했다. 그러고 나서 두려움도 망설임도 없이 천천히 잔을 비웠다. 소크라테스가 잔을 비운 것을 보자 제자들은 탄식과 함께 참아왔던 눈물을 흘렸다. 곧 감옥 전체가 울음바다가 됐다. 모두가 침울해져 있는 순간에 소크라테스가 제자들에게 말했다.

"자네들, 이게 무슨 꼴인가! 내가 이 꼴을 보여주지 않으려고 내 아내를 집으로 돌려보낸 것이라네. 사람이 죽을 때는 조용히 죽는 것이 제일임으로 알고 있건만. 모두 용기를 가지고 조용히 지켜봐주게나."

그의 꾸짖음에 제자들이 그제야 눈물을 거뒀다.

소크라테스는 천천히 침대에서 일어나 감옥 주변을 돌기 시작했다. 약효가 올라오는 데 30분쯤 걸렸을 것이다. 생애 마지막 걸음을 차가운 감옥 바닥에서 걸으며 그는 무슨 생각을 했을까. 시간이 흐르자 그의 다리가 점차 뻣뻣해져왔다. 그는 집행인이 말한 대로 침대에 몸을 반듯이 뉘었다. 집행인이 그에게 다가가서 그의 발을 세게 꼬집었다. 그리고 물었다.

"아픔이 느껴지십니까?"

"아니오."

발에서 시작된 마비는 점점 위로 올라갔다. 시간이 지난 후 집행인은 그의 넓적다리를 꼬집었고 사타구니까지 꼬집었다. 소크라테스는 어떠한 아픔을 느끼지 못했다. 집행인이 그에게 말했다.

"이 차가움과 굳음이 심장에 이르면 머지않아 세상을 떠나실 것입니다."

이제 그도, 제자들도 죽음이 가까이 다가왔음을 느꼈다. 신체의 전반적인 신경이 마비되고 의식과 시각도 점점 흐릿해지기 시작했다. 죽기 마지막에 인체는 살기 위해 마지막 발악을 한다. 온몸의 근육이 순간적으로 경련을 일으키고 호흡이 가빠지게 된다. 그래서 집행인은 사형수가 죽기 직전이라 판단하면 얼굴을 천으로 덮어줬다. 혹여 그러한 모습이 고인에게 모독이 될까 봐서였다. 어느새 소크라테스의 얼굴에 천이 덮였고, 그는 천 너머로 크리토에게 이렇게 말했다. 그가 세상을 떠나기 전 마지막으로 남긴 말이었다.

"크리토여, 아스클레피오스Asclepius에게 수탉 1마리 값을 치르지 않은 것이 있다네. 잊지 말고 갚아주기 바라네."

"닭값은 꼭 치르겠습니다. 더 하실 말씀은 없으신지요?"

크리토의 물음에 아무런 대답이 없었다. 그 후 소크라테스의 몸이 잠깐 무서운 경련과 함께 들썩였다. 경련이 끝난 후 집행인이 이불을 들췄다. 그의 눈빛은 허공을 바라보고 있었고 크리토는 침울하게 그의 입과 눈을 닫았다. 그것이 위대한 철학자의 마지막 모습이었다.

다비드는 왜 〈소크라테스의 죽음〉을 그릴 때 사약을 한가운데 배치했을까? 그것은 그가 죽음을 선택함으로써 자신의 신념을 지켰음을 상징한다. 그가 만약 자신의 신념을 굽히고 배심원들에게 목숨을 구걸했다면 사형을 면할 수 있었다. 또한 제자들의 권유로 걸어나가기만 했다면 사형을 피해서 감옥을 탈출할 수도 있었다. 하지만 소크라테스는 삶의 달콤함 대신 신념을 지키는 죽음을 선택했다. 그가 제자들의 권유를 거절하며 했던 말은 이것이었다.

"가혹하지만, 이것도 법이다."

많은 사람이 소크라테스가 "악법도 법이다"라고 했다고 알고 있지만, 사실 이는 일본의 법철학자가 잘못 번역해 생긴 말이다. 그가 진실로 했던 말은 "악법이라도 무조건 지켜야 한다"라는 말과 의미가 전혀 다르다. 그의 말은 '나쁜 법이라도 지켜야 한다'가 아닌 '법은 사회와 개인 간의 약속이기에 사회 구성원들은 그 약속을 지켜야 할 의무가 있다'고 해석해야 한다. 그는 마지막까지 법에 대한 자신의 신념과 철학을 지켰고, 그의 죽음은 제자들에게 마지막 가르침이 됐다. 소크라테스가 마신 사약이 가르쳐준 교훈은 제자 플라톤과 아리스토텔레스에게로 이어졌다. 결국 삶이 아닌 죽음으로써 더욱 가치 있는 가르침이 됐고, 그가 마신 사약은 그리스 철학과 함께 서양 철학의 시작을 알리는 도화선이 됐다.

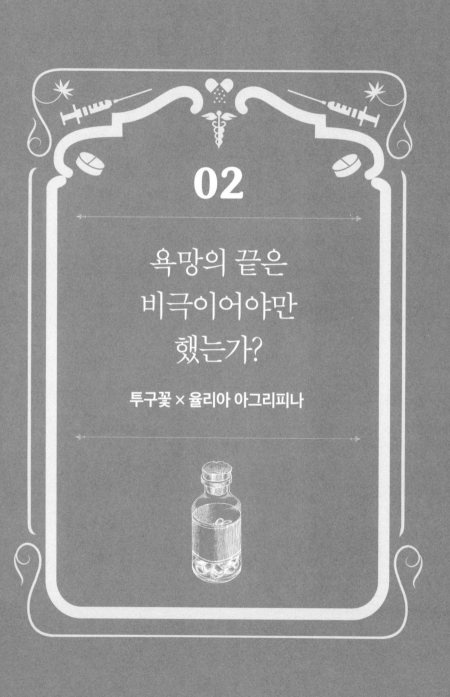

02

욕망의 끝은
비극이어야만
했는가?

투구꽃 × 율리아 아그리피나

'폭군' 하면 누가 가장 먼저 떠오르는가? 인류 역사를 통틀어 수많은 국가와 문명에는 '폭군'이라 불리는 인물이 꼭 있었다. 어머니의 죽음 때문에 신하들을 숙청한 조선의 연산군, 전쟁광이었던 중국의 수양제^{煬帝}, 혹독한 형벌을 좋아했던 일본의 부레츠 덴노^{武烈天皇}가 있다. 그중에서도 '폭군'의 대표적인 인물은 단연 로마 황제 네로^{Nero}가 아닐까 싶다.

네로

로마 제국의 5대 황제이자 로마 역사상 최악의 황제로 평가받는 인물. 어머니와 동생을 살해한 패륜아. 기독교를 탄압하는 적그리스도의 상징. 도시에 불이 나자 이를 보며 하프를 연주했다는 사이코패스. 이 때문에 네로는 폭군을 상징하는 인물이 됐다. 문학과 극작품들 속에서 잔인하고 피도 눈물도 없으며, 끝내는 파멸을 맞이하는 권력자의 모습을 그와 비교하기도 한다.

옛 속담에 "모든 길은 로마로 통한다"라는 말이 있다. 로마가 세상의 중심이라는 뜻이다. 한때 이탈리아반도와 유럽, 북아프리카와 이집트까지 지배했던 대제국 로마는 평화롭고 풍요로운 국가였지만 네로의 광기에 가까운 모습과 폭정으로 점점 쇠퇴의 길을 걷게 됐다. 만약 네로가 황제의 자리에 앉지 않았다면 어떻게 됐을까? 아마 대제국 로마는 더 오랫동안 강대국으로 유럽의 패권을 장악했을 것이다. 1명의 군주가 한 나라의 흥망을 좌우했을 만큼 '네로 황제 즉위'는 로마 역사상 최악의 한 수였다. 그런데 원래 네로는 황제가 될 수 없는 운명이었다는 사실을 아는가? 그가 황제의 자리에 오를 수 있었던 것은 순전히 야심 많은 그의 어머니와 한 약초꾼 덕분이었다.

: 로마판 여인 천하

로마 왕조는 특이하게도 직계 혈통이 황제를 세습한다는 법이 없었다. 그래서 정치 권력이 가장 강한 귀족이 다음 황제가 되기도 했고, 황제가 입양한 인물이 왕좌에 앉거나 모계를 중심으로도 황제의 혈통이 계승됐다. 그래서 자리가 비어 있다면 누구든 황제의 자리를 넘볼 수 있었고, 왕좌를 둘러싼 내전과 암투가 끊임없이 일어났다.

왕좌에 앉은 황제는 자신의 권력을 강화하기 위해 정치적 요직에 자신의 누이, 아내, 딸, 손녀들에게 자신의 권력을 나눠 줬다. 하지만 이는 정치 권력 구도를 더더욱 복잡하게 만들었고 권력 다툼이 더욱 빈번해지게 되는 계기가 됐다. 상황이 이렇다 보니 로마의 정계는 다른 국가와 달리 권력을 가진 여인들의 힘과 영향이 막강했다. 한 인물이 고위직에 오르느냐, 역적이 되느냐는 황제의 곁에 앉아 있는 여인들의 말 한마디로 좌지우지될 정도였다. 결국 황제가 다스리는 로마의 평화로운 모습 이면에는 권력을 차지하고자 하는 '로마판 여인 천하'가 벌어지고 있었다. 그리고 그 암투의 중심에는 희대의 악녀, 율리아 아그리피나Julia Agrippina가 있었다.

아그리피나는 로마 제국의 4대 황제 클라우디우스Claudius의

조카였지만 황실에서는 그다지 영향력이 높은 인물이 아니었다. 그녀의 첫 번째 남편과 두 번째 남편은 모두 사망했고, 그녀에게는 첫 번째 남편 사이에 낳은 아들 하나만 있었다. 하지만 그녀는 권력에 대한 욕심과 야망이 매우 컸다. 언젠가 황실로 복귀해 무소불위의 권력을 휘두를 그날만을 기다렸다. 때마침 그녀에게 기회가 찾아왔다. 클라우디우스의 아내 메살리나 Messalina가 불륜과 반역죄로 사형을 당한 것이다. 클라우디우스 황제는 새로운 아내를 찾아 다녔지만 혈통을 중시하던 로마 사회에서 아무 여자와 결혼을 할 수는 없었다. 규율상 율리우스 Julius 가문의 사람과 결혼을 해야 했다. 마땅한 인물이 없어 고민하던 찰나 그의 눈에 들어온 인물이 바로 그의 친조카인 아

율리아 아그리피나

그리피나였다. 당시 로마는 근친혼에 대해 굉장히 비판적이었지만 클라우디우스는 결혼을 고집했다. 결국 아그리피나는 32세에 클라우디우스 황제의 네 번째 부인이 됐다. 그토록 권력을 갈망했던 그녀는 황후의 자리에 앉자마

자 물 만난 고기처럼 무소불위의 권력을 마구잡이로 휘둘렀다. 원로원의 회의에 참석하거나 외교 대사로 나서는 등 황제의 정책에 간섭하기 시작했다. 황제가 행차하는 곳에는 항상 아그리피나가 옆에 서 있었다. 그녀는 자신의 사람들을 친위대장과 주요 보직에 앉혔고 본격적으로 자신의 정치 세력을 넓혔다.

그녀가 빠르게 영향력을 끼칠 수 있었던 이유 중 하나는 그녀의 아름다운 외모와 매력이었다. 흔히 말하는 '베갯머리송사'로 아그리피나는 황제를 마음대로 조종할 수 있었다. 그러나 그녀의 마음 한구석에는 불안감이 자리 잡고 있었다. 언제까지 클라우디우스가 자신의 말을 곧이곧대로 들을지 확신할 수 없었기 때문이다. 또한 과거 엎치락뒤치락하던 로마 황실의 역사로 볼 때 클라우디우스가 언제까지 황제로 남아 있을지도 모를 일이었다. 그래서 그녀는 또 다른 원대한 계획을 세웠다. 바로 그녀와 첫 번째 남편 사이에 낳았던 자신의 친아들을 황제의 자리에 앉히는 것이었다. 그러나 거기에 문제가 있었다. 클라우디우스 황제에게는 이미 왕위를 이을 적임자인 또 다른 아들 '브리타니쿠스Britannicus'가 있었기 때문이다. 하지만 그녀가 누구인가? 그녀는 자신의 매력으로 사람들을 이용해 음모를 퍼뜨려 적들을 모함하고 제거해나갔다. 마침내 클라우디우스에게 "아그리피나의 아들에게 황제 자리를 물려주겠다"라는 약속을 받아내기에 이르렀다.

그러나 시간이 지나면서 클라우디우스는 점점 아그리피나를 의심하기 시작했다. 아그리피나 역시 황제가 점점 자신의 계략을 눈치채고 있음을 알았고 불안에 빠졌다. 언제라도 황제가 자신이 한 약속을 철회할 수 있기 때문이다. 그녀는 고민하다가 좋은 아이디어를 떠올렸다.

'그렇다면 약속을 바꿀 수 없게 입을 다물어버리면 되겠군….'

그녀는 저 먼 갈리아 지방에서 한 여인을 데리고 왔다.

ː 황제를 죽일 은밀한 독약

갈리아 지방은 오늘날 프랑스와 벨기에 지역을 말한다. 그곳에 살던 갈리아족은 켈트족의 한 부류였다. 반원시적 유목민 생활을 하던 그들의 문명은 로마의 찬란한 문명에 비하면 보잘것없었다. 그러나 거친 야생 환경에서 생활하며 단련된 전투 능력 덕분에 오랜 기간 로마 제국을 위협하던 강력한 민족이기도 했다. 갈리아족이 가진 또 다른 강점 중 하나는 약초에 대한 풍부한 지식이었다. 오랜 전쟁과 유목민 생활로 산과 들에서

의약품으로 쓸 수 있는 약초를 직접 조달해온 덕분에 무엇이 약초고 무엇이 독초인지, 어떻게 써야 하는지에 대한 많은 경험과 지식을 가지고 있었다.

아그리피나는 그 지역에서 소문난 약초꾼이었던 로쿠스타 Locusta라는 여인을 데려왔다. 아니, 사실 잡아온 것에 가까웠다. 그리고 그녀에게 아주 특별한 임무를 맡겼다. 바로 '황제를 죽일 독약'을 만드는 것이었다. 죽고 죽이는 정치 싸움이 빈번하던 로마 황실에서 독약은 정적을 제거하는 데 아주 효율적인 수단이었다. 상대방을 죽이는 데 굳이 소란을 피우거나 피를 보고 칼을 부딪칠 필요도 없었다. 과정은 은밀하고 깔끔했으며 알리바이를 만드는 데도 안성맞춤이었다.

그렇게 먼 곳에서 끌려온 이 여인은 그날부터 실험실이자 독방에 갇혀 독약을 만드는 연구를 시작했다. 독약을 만드는 데는 여러 가지 재료가 필요했다. 그 수많은 재료의 특성과 독성을 잘 파

로쿠스타

약해 적절한 배합으로 독을 제조해야 빠르면서도 확실하게 죽일 수 있는 좋은 독약을 만들 수 있었다.

당시 독약의 재료들은 크게 광물, 동물의 독, 약초가 있었다. 광물은 비소, 수은, 구리, 납을 주로 사용했지만, 당시 기술로는 이런 물질을 높은 순도로 정제해내기가 어려웠고, 설령 정제해내더라도 사용하기 전에 약효가 사라져버리는 매우 불안정한 상태로 추출됐다. 동물의 독은 두꺼비 독, 독사의 독, 독거미에서부터 박쥐 날개나 도마뱀 꼬리, 염소의 피까지 다양했으나, 마찬가지로 독성을 유지하기 힘들고 구하기도 어려웠다. 그래서 로쿠스타는 약초를 주로 사용했다. 재배하기도 쉬웠을 뿐더러 오랜 세월 전해져 내려오던 지식과 비법을 많이 가지고 있었기 때문이다.

그러나 이것에도 문제가 있었다. 약초의 독성분이 인체에 흡수돼 효과가 나타나기까지 시간이 너무 오래 걸리고, 약효가 약해 살해 대상이 죽지 않을 수도 있다는 것이었다. 많은 양을 사용하면 특유의 냄새 때문에 독을 사용한 것을 들킬 가능성도 컸다. 그런 이유로 '적은 양으로도 독성이 크게 나타나는 약초'를 사용하는 것이 관건이었다.

'독성이 강하면서도 빨리 효과가 나타날 수 있는 약초는 무엇이 있을까?'

고민 끝에 로쿠스타가 사용했던 약초는 투구꽃Aconitum, 바꽃이라고도 불림이었다.

셰익스피어의 비극《로미오와 줄리엣》을 보면 줄리엣이 독약을 마시는 장면이 나온다. 정략결혼으로 로미오와의 사랑을 이루지 못함에 안타까워하던 그녀에게 신부님이 다가와 약을 건넨다. 이 약을 먹으면 마치 사람이 죽은 것처럼 변하지만 시간이 지나면 되살아난다고 넌지시 알려준다. 그 말에 줄리엣은 약을 먹고 깊은 잠에 빠진다. 아무런 영문도 모르는 로미오는 줄리엣이 죽은 줄 알고 자살한다. 깨어난 줄리엣 역시 슬픔에 빠져 자살한다. 여기에 나오는 이 독약은 무엇일까? 많은 의학자는 줄리엣이 마신 이 독약을 투구꽃에서 추출한 아코니틴Aconitine이라고 말한다. 아코니틴을 먹으면 심장 기능이 약해지면서 심박수가 떨어지고 혼수상태에 빠져서 사람이 죽은 것처럼 보이기 때문이다.

투구꽃의 정식 명칭은 아코니툼 나펠루스Aconitum Napellus다. 서양에서는 울프스베인Wolf's Bane이라고도 불리는데, 늑대에게 저주와 죽음을 내리고 독이 되

투구꽃

는 식물이라는 의미다. 고대인들이 이 꽃의 독을 화살이나 창 끝에 발라서 늑대를 사냥하는 데 주로 사용했기 때문이다. 전 설 속에는 이 꽃이 늑대인간을 물리치는 약초로도 알려져 있 다. 프랑스, 스위스, 독일이 원산지고 늦여름에 꽃을 피운다.

투구꽃은 이름에서 알 수 있듯 투구나 헬멧을 쓴 듯한 특이 한 꽃 모양이 특징이다. 후드를 뒤집어쓴 수도사처럼 생겨서 수도사의 후드Monk's Hood라고 불리기도 한다. 색깔은 짙은 파랑 과 보라색, 노란색으로 관상용으로도 쓰인다. 이처럼 아름다운 외관과 달리 투구꽃은 아주 치명적인 독을 가지고 있다. 뿌리, 줄기, 꽃 모든 부분에 독을 가지고 있지만, 특히 뿌리 부분에 독 이 많이 분포돼 있어 독약을 만들 때는 뿌리 부분을 주로 사용 한다. 투구꽃에 들어 있는 독성분인 아코니틴은 매우 치명적인 신경독 중 하나이며 우리 몸의 신경 전달에 필요한 신경 전달 물질을 억제한다.

아코니틴을 먹으면 어떻게 될까? 초반에는 구토, 메스꺼움, 설사와 같이 단순한 위장 장애 증상이 나타난다. 얼핏 보면 단 순한 배탈이라고 생각할 수도 있지만, 시간이 지나면 몸의 운 동 능력이 약화되고 신경 감각이 마비된다. 제대로 걸을 수 없 을 정도로 몸이 비틀대고, 통증을 느끼지 못하게 되며, 인지 능 력마저 떨어져 횡설수설하게 된다. 이어서 심장이 제대로 뛰지 않는 부정맥 증상과 저혈압 증상이 나타나며, 안색이 창백해지고 죽음의 문턱에 다다른다. 마지막에는 호흡근 마비, 심장 기능 마비로 사망하게 된다.

투구꽃 뿌리 1그램에는 아코니틴이 2~5밀리그램 정도가 함유돼 있다. 이 정도 양이면 사람을 죽이기에 충분하다. 아코니틴은 복용 후 1시간 이내에 독성이 나타난다. 증상이 발생하면 2~6시간 이내에 사망하기 때문에 빠르면서도 효과적이다. 또한 아코니틴의 독성은 다른 독들과 비교해도 10위 안팎에 들 정도로 강한 편이다. 보통 독성을 비교할 때 LD50값^{Lethal} Dose for 50% kill, 실험동물 수의 50퍼센트가 사망하는 양을 사용한다. 아코니틴의 LD50값은 120마이크로그램/킬로그램^{㎍/㎏}인데, 이는 코브라 독(500마이크로그램/킬로그램)과 사린가스(420마이크로그램/킬로그램)보다 강한 독이라는 뜻이다.

: 약이 되고 독이 되는 투구꽃의 뿌리

투구꽃은 유럽에서만 쓰는 약초는 아니었다. 오히려 투구꽃이 많이 쓰인 곳은 중국, 한국, 일본 등 동북아시아 국가였다. 투구꽃의 뿌리는 부자^{附子}라고 불리며 한방학적으로 열을 많이

내는 약재로 쓰인다. 약으로 쓸 때는 소금에 절이거나 쪄서 약초의 독성을 최대한 약하게 만들어 사용한다. 옛날에는 소주에 담가서 약주의 재료로 쓰기도 했다.

부자는 몸이 찬 사람들에게 효과가 좋다. 그래서 위장의 열이 부족하거나 손발이 차가운 사람들에게 많이 쓰인다. 하지만 좋은 약도 잘못 쓰면 독이 된다. 우리나라에서는 부자를 많이 먹으면 눈이 멀게 된다는 말이 있다. 실제로 부자의 주성분인 아코니틴은 과하게 복용하면 시신경을 손상시켜 눈을 멀게 할 수 있다. 부자의 독성이 워낙 강하다 보니 우리나라에서는 아예 사람을 죽이는 사약으로도 많이 쓰였다. 당시 사약은 독성이 약해서 죄인을 죽이는 데 시간이 오래 걸렸다. 그래서 부자가 든 사약을 먹이고 독성을 빨리 끌어올리기 위해 약을 마신 죄인을 뜨거운 구들방에 가뒀다고 한다.

일본에서도 부자의 위험성을 알려주는 이야기가 있다. 에도 시대 의사인 하나오카 세이슈華岡靑洲는 중국에서 관우關羽를 치료했다는 전설적인 명의 화타華佗의 치료법에 빠져 있었다. 그러다 화타가 마취약으로 사용한 마비산痲脾散이라는 약을 알게 됐고, 그것을 재현하기 위해 여러 약초들을 시험했다. 오랜 연구 끝에 통선산通仙散이라는 전신 마취 약물을 만들었고, 그 재료로 부자를 썼다. 약의 효과를 시험하기 위해 마비산을 자신과 부인, 그리고 어머니에게 사용했는데, 부자의 독성이 너무 강한 나머지 세이슈는 사경을 헤매다가 구사일생으로 회복했다. 하지만 같이 약을 사용한 부인은 눈이 멀었고, 어머니는 결국 사망했다고 한다. 세이슈는 충분한 실험 없이 무턱대고 사람에게 약을 사용한 결과 끔찍한 결말을 맞이했다.

부자는 독성 때문에 우리나라에서는 건강 기능 식품으로 사용할 수 없는 성분이다. 따라서 인터넷이나 매장에서 쉽게 구매하는 영양제에는 부자가 들어 있을 가능성이 거의 없다. 그렇지만 종종 그 뛰어난 약효 때문에 욕심을 품은 제조업자들이 몰래 부자를 첨가하는 일이 일어나곤 한다. 그래서 해마다 한방 건강 기능 식품 중에 아코니틴 성분이 검출돼 판매 금지와 회수되는 사례가 빈번히 발생한다.

ː 비극을 몰고 온 자, 비극으로 끝난다

그렇게 로마의 악녀 아그리피나는 약초꾼 로쿠스타가 만든 독약을 가지고 클라우디우스를 암살할 계획을 세웠다. 그녀는 클라우디우스가 버섯 요리를 좋아한다는 사실을 알고, 버섯 요리에 독약을 몇 방울 떨어뜨렸다. 이윽고 만찬이 시작됐고 황제는 버섯 요리를 맛있게 먹기 시작했다. 그러다 갑자기 숨이 막히는 듯 황제가 기침을 했고 호흡이 가빠지기 시작했다. 로쿠스타의 독약이 성공적으로 작용한 것이다. 하지만 약이 부족했던 탓일까? 가쁜 숨을 내쉬면서 기침만 할 뿐 황제는 생각보다 쉽게 죽지 않았다. 이를 보던 아그리피나는 옆에 서 있던 궁중 의사에게 고개를 끄덕였다. 이윽고 의사가 말했다.

"황제의 목구멍에 음식물이 걸린 것 같습니다. 게워낼 수 있도록 깃털을 가져오겠습니다."

의사는 황제가 구토할 수 있도록 목구멍에 집어넣을 깃털을 가져와 손수 넣어줬다. 그러나 그 의사 역시 아그리피나에게 매수된 인물이었다. 치밀한 아그리피나는 만일의 사태를 대비해 다음 단계를 준비해놓은 것이었다. 의사가 집어넣은 깃털에는 더 많은 독약이 묻어 있었고, 그날 저녁 황제는 정신을 잃고 시름시름 앓기 시작했다. 몸은 힘없이 축 처졌고 안색은 파랗게 질려 있었다. 자정이 지나서 황제는 숨을 거뒀다. 아그리피나는 깨달았다. 이제야말로 자신의 시대가 도래했음을.

그녀는 죽은 클라우디우스에 이어 자기 아들을 황제의 자리에 앉혔다. 그가 바로 폭군 네로 황제다. 네로는 20세가 채되지 않은 어린 나이였고, 아직 젊은 엄마였던 아그리피나는 전보다 더 많은 무소불위의 권력을 휘둘렀다. 그리고 독약을 만든 로쿠스타에게 독살 혐의를 뒤집어씌워 그녀를 감옥에 가 뒀다. 하지만 로쿠스타는 얼마 지나지 않아 풀려났다. 네로의 배다른 형제이자 또 다른 황제 후보자였던 브리타니쿠스 때문이었다.

브리타니쿠스가 언제 자신의 왕좌를 위협할지 몰라 걱정하던 네로는 어머니가 아버지에게 했던 것처럼 독을 이용해 그를 제거하기로 마음먹었다. 감옥에 갇혀 있던 로쿠스타를 감옥에서 풀어주며, 그 조건으로 브리타니쿠스를 죽일 독약을 제조하라고 지시했다. 로쿠스타는 또다시 독약을 만들어 네로에게 건넸고, 네로는 브리타니쿠스가 마실 포도주에 독약을 타서 그에게 줬다. 그날 밤 브리타니쿠스는 황제가 준 포도주를 마시고 숨을 거뒀다. 이런 식으로 네로는 자신에게 반하는 귀족들과 정치가들을 손쉽게 처리해갔다.

손쉽게 죽일 수 있는 독약에 매료된 네로는 로쿠스타를 아예 자신의 공식 '독살 청부업자'로 고용했다. 그녀가 만든 독약을 통해 자신의 정적들을 제거하며 황제의 권력을 강화해나갔다. 독약 제조 덕분에 로쿠스타는 황제로부터 많은 지원을 받고 부자가 됐다. 나중에는 후임자들을 키우기 위해 로마에 독약 학교를 설립해 본인이 직접 학생들에게 독약 제조법을 가르쳤다.

그러나 폭군 황제의 로마는 그리 오래가지 않았다. 네로는 사치와 향락을 일삼기 시작했고 정치에는 점점 무관심해졌다. 시도 때도 없이 사형 선고를 내려서 많은 이들을 공포에 몰아넣었다. 그의 광기는 어머니 아그리피나와의 갈등 때 절정에 달했다. 아그리피나는 네로의 국정 운영에 사사건건 간섭했고 결국 그와 갈라서게 됐다.

역사는 반복된다고 했던가. 네로는 권력 야망이 가득했던 포패이아 사비나Poppaea Sabina라는 여성에게 마음을 빼앗겨 휘둘리기 시작했고, 그녀는 네로를 부추겨서 아그리피나를 살해하도록 사주했다. 결국 아그리피나는 네로가 보낸 병사들의 칼에 찔려 죽고 만다. 그녀는 자신을 죽이러 온 병사들에게 배를 내밀며 이렇게 말한다.

"자! 이 배를 찔러라. 황제를 낳은 이 배를!"

황실을 주무르던 아그리피나가 사라졌지만 네로 황제 정권은 이미 무너지고 있었다. 로마는 점점 황폐해졌고, 황제는 여전히 무능력하고 백성들에게 무관심했다. 그의 관심은 오로지 예술과 음악뿐이었다. 로마에서 일어난 큰 화재로 백성들의 원성은 극에 달했고, 재정마저 어려워 월급을 받지 못한 황실 군대는 네로의 곁을 떠났다. 이제 그를 지켜줄 사람은 아무도 없었다. 서기 68년에 원로원은 네로를 황제의 자리에서 해임해버린다. 자신의 운명을 어느 정도 예감했는지 네로는 로쿠스타가 자신을 위해 만들어준 특수한 독약을 항상 가지고 다녔다. 언제든지 이 비참한 삶을 끝낼 수 있도록 말이다. 하지만 그때마다 이제까지 독약으로 사망한 수많은 사람의 모습이 떠올랐고, 네로는 차마 로쿠스타의 독약을 마실 수 없었다. 대신 자신의 병사에게 도움을 받아 단검으로 비참하게 생을 마감했다.

네로가 사라지자 사람들은 그의 잔당들을 처리하기 시작했다. 그의 독살 청부 업자인 로쿠스타 역시 숙청의 대상이 됐다. 로마 광장 한복판, 성난 민중들 한가운데로 로쿠스타는 끌려 나왔다. 로마의 흥망성쇠를 함께했던 이 이방인 여성이 처형당하면서 로마의 참혹한 비극은 마침내 막을 내리게 됐다.

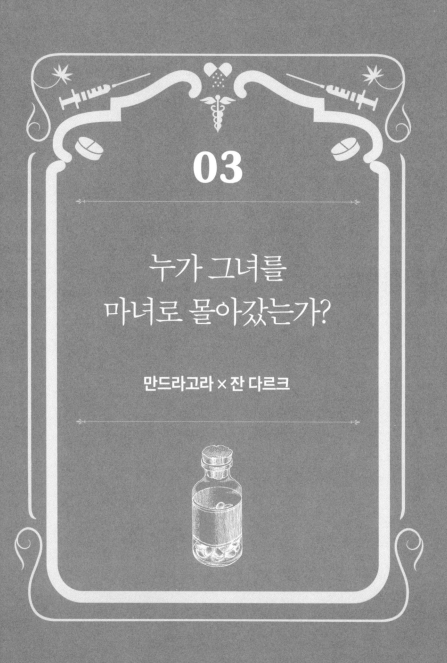

03

누가 그녀를
마녀로 몰아갔는가?

만드라고라 × 잔 다르크

"연예인도 사람입니다. 제발 마녀사냥을 멈춰주세요!"

청와대 홈페이지에 한 연예인에 대한 국민 청원이 올라왔다. 방송에서 여러 논란과 의혹으로 대중의 뭇매를 맞던 인물이었다. 이미 방송에서 하차한 상태였지만 여전히 무분별한 악성 댓글과 각종 루머, 비방에 시달리고 있었다.

스마트폰의 보급과 인터넷 기술의 발달로 사람들은 온라인상에 자신의 목소리를 내기 쉬워졌다. 익명성이라는 특수한 환경 아래에 자기 생각과 감정을 거침없이 드러내고 비판적인 의견을 솔직하고 자유롭게 발언할 수 있게 됐지만, 단점도 많다. 일단 불특정 다수가 개인 또는 특정 집단을 무분별하게 공격·비방·모욕하는 일이 잦아졌다. 더 나아가서 거짓 뉴스나 의혹,

소문이 사실인 양 퍼지며 피해자가 씻을 수 없는 상처를 입는 일도 늘었다. 이와 같은 현상을 우리는 '현대판 마녀사냥'이라고 부른다.

마녀사냥의 대상은 연예인뿐만이 아니다. 유명인, 전문가, 심지어 우리 주변의 이웃들도 피해자가 되고 있다. 그 공간도 온라인을 넘어서 오프라인으로 확대되고 있다. 한 대학교 교수가 성폭행범으로 여론 몰이를 당해 해고당한 후 무죄 판결을 받는가 하면, 유학을 다녀왔다는 가수의 학력이 조작됐다는 의혹이 제기돼 이와 관련한 인터넷 카페가 만들어지는 등 큰 논란이 된 적도 있다. 특정 연예인의 발언을 악의적으로 짜깁기해 이미지에 큰 타격을 입히는 일과 무고한 시민이 성범죄자로 오인받아 인터넷에 신상이 그대로 노출되는 일도 있었다. 현대판 마녀사냥에서 가장 심각한 문제는 첫째, 이런 양상이 대상과 분야를 막론하고 빠른 속도로 확대되고 있다는 점이고, 둘째는 피해자는 분명 있지만 가해자를 특정하기가 쉽지 않다는 점이다. 익명성과 대중들 안에 숨은 채 '아니면 말고'라는 식의 태도로 피해자들을 씻지 못할 고통 속으로 밀어넣고 있다.

과거에도 마녀사냥은 존재했다. '마녀'라고 해서 꼭 여성만을 대상으로 한 것은 아니다. 남자, 여자를 가리지 않았고, 의사, 약사와 같은 전문가, 종교인, 부자들도 포함됐다. 사람들의 시기와 질투를 받던 인물이 마녀로 고발당하는 일도 비일비재했다. 마녀로 낙인찍힌 죄인은 말도 안 되는 이유로 마녀라고 판결을 받거나, 스스로 마녀임을 자백할 때까지 모진 고문을 당했다. 마녀로 판결이 나면 십자가에 묶여 불에 타죽는 화형에 처했다. 불은 타락한 영혼을 정화시킨다고 믿었기 때문이다. 오늘날의 마녀사냥은 그 대상을 물리적으로 사형시키는 점을 빼고는 그 맥락을 같이한다.

진실이냐 거짓이냐를 떠나서, 정보를 만들어내는 일은 너무나 쉽고 그것을 통제하고 분별해내기가 쉽지 않다. 무엇보다 지금 당장 눈앞에 보이는 것만을 보려는 인간의 본성 때문에 사람들은 모든 문제를 쉽게 판단하려 한다. 지금도 현대판 마녀사냥은 끝없이 반복되고 있다.

ː 마녀라는 황당한 죄명

"잔 다르크, 그대는 지금 은총의 상태에 있는가?"

"제가 만일 은총의 상태에 있지 않다면 하느님이 은총을 내려주길 기도드릴 것이며, 만일 있다면 하느님께서 이를 지켜주십사 기도드릴 것입니다."

1430년, 영국군이 점령한 프랑스의 대도시 루앙. 7차례나 계속된 모진 재판에도 19세 소녀의 대답은 한 치의 떨림도 없이 당당했다. 심문관들의 유도 심문에도 그녀의 변론은 빈틈없이 논리정연했다. 영국의 이단 심문관들은 당혹감을 감출 수 없었다. 그 누가 이 소녀를 19세 시골 촌뜨기라고 생각하겠는가? 한탄스럽게도 재판의 결과는 이미 정해져 있었다. '프랑스의 구원자'라고 알려진 그녀의 존재는 영국군에게 너무나 큰 위협이었다. 이 재판에서 어떻게든 그녀는 마녀로 판명돼야 했고, 그것이 그녀를 죽일 수 있는 유일한 방법이었다. 재판이 막바지로 가자 심문관이 나섰다.

잔 다르크

"존경하는 재판장님, 지금부터 피고의 죄목을 하나하나 읊겠습니다. 이 재판을 통해 그녀가 얼마나 교활하고 영악한 마녀인지, 악마와의 서약을 통해 어떤 요술을 부리는지 밝혀질 것입니다."

심문관은 그녀의 죄목이 적힌 고발장을 들고 읽기 시작했다. 내용이 얼마나 길었으면 양피지가 발까지 내려올 정도였다. 고발장에 적힌 죄목은 70가지나 됐다. 심문관이 고발장을 읽는 내내 그녀는 아무런 말도 하지 않았다. 이미 반론은 의미가 없었고 재판의 결과 역시 정해져 있었기 때문이다. 재판장이 판결을 내렸다.

"피고! 그대는 신을 모욕하는 일련의 행동을 서슴지 않았다. 그대가 보여준 기행들은 모두 악마와 결탁해 얻은 힘이 분명할 터! 그대는 신을 모욕하고 세상을 어지럽혔다. 따라서 본 재판장은 하나님의 이름으로 피고, 잔 다르크에게 화형을 내린다."

그때 그녀의 나이는 19세였다.

잔 다르크Jeanne d'Arc는 프랑스 북동부 한 시골에서 농부의 딸로 태어났다. 당시 프랑스는 왕위 계승을 둘러싸고 영국과 백 년 전쟁이라 불리는 오랜 전쟁을 치르는 중이었다. 전쟁 초반, 바다를 건너온 영국군은 파리를 포함한 프랑스 영토 대부분을 차지했고 프랑스군은 남부 지역까지 밀려난 상태였다. 남부의 작은 도시 오를레앙에서 포위당한 프랑스군과 그들의 수장 샤를 7세Charles VII는 사실상 전의를 상실했다. 그때 구세주처럼 나타나서 전쟁의 판도를 바꾼 인물이 바로 '신의 계시를 받은 소녀' 잔 다르크였다.

13세였던 잔 다르크는 자신의 고향에서 양떼를 몰다가 신의 계시를 받았다. 천사는 그녀에게 영국군이 포위한 오를레앙을 해방하고 왕세자 샤를 7세를 왕위에 앉히라고 명했다. 신의 계시를 받은 그녀는 16세에 갑옷을 입고 전쟁에 참여했다. 1428년, 영국군이 오를레앙을 포위하고 막바지 공세를 준비할 때 어린 잔 다르크가 왕세자를 찾아왔다.

　　"왕세자 전하를 프랑스의 왕좌에 앉히고 오를레앙을 구하라는 신의 계시를 받고 왔습니다."

　　소문은 순식간에 퍼졌다. 흰 깃발을 들고 갑옷을 입고 싸우는 용맹한 16세 소녀는 어느새 모든 프랑스군의 한 줄기 희망이자 행운의 여신이 됐다. 그녀의 등장과 함께 프랑스군의 사기는 불같이 타올랐고, 전세는 순식간에 역전돼 오를레앙은 영국으로부터 해방됐다. 기세를 몰아서 프랑스군은 영국군을 밀어붙여 마침내 프랑스의 렝스 지역까지 탈환했고, 왕세자는 그곳에서 대관식을 치러 프랑스 왕이 됐다.

　　1430년 5월, 그녀는 콩피에르 전투에서 포로로 붙잡히게 됐고, 영국군은 그녀를 돌려주는 조건으로 샤를 7세에게 몸값을 요구했다. 그러나 샤를 7세는 영국군의 거래에 응하지 않았다. '프랑스의 성녀'로서 왕보다 더 많은 인기를 얻던 그녀가 탐탁지 않았기 때문이다. 프랑스가 사실상 그녀를 버린 것과 다름없게 되자 영국군은 난처한 상황에 부딪혔다. 잔 다르크는 분명 프랑스군의 희망이자 영국군에겐 위협적인 존재였지만 '신의 계시를 받은 성녀'라고 알려진 그녀를 제거하기엔 기독교의 눈치가 보이지 않을 수 없었다. 그래서 영국군은 잔 다르크를 '마녀'로 몰아가기 시작했다. 1430년, 제2의 파리라고 불리는 루앙이라는 대도시에서 그들은 잔 다르크를 죄인으로 세우고 마녀재판을 열었다. 총 7번의 재판이 이뤄졌고, 그녀가 마녀임을 증명하는 70가지의 죄목이 발표됐다. 결국 그녀는 마녀라는 판결을 받고 화형에 처해졌다.

잔 다르크가 마녀임을 증명하는 70가지 죄목을 살펴보면 말도 안 되는 황당한 죄목들도 많다. 그중 제7조에는 "잔 다르크가 손에 든 만드라고라Mandragora의 힘으로 부와 행복을 얻으려 했다"고 적혀 있었다. 그녀가 마법의 약초를 이용해 그 힘으로 영국군을 물리쳤다는 것이다.

: 만드라고라는 정말로 비명을 지를까?

판타지, 마법과 관련된 게임이나 만화, 영화를 보면 '사람의 형태를 띠고 기괴한 소리를 내는 식물'이 등장한다. 영화 〈해리 포터(Harry Potter)에서도 약초 수업 중 해리 포터가 만드라고라를 뽑는 장면이 나온다. 이때 만드라고라는 갓난아기의 모습으로 찢어질 듯한 울음소리를 낸다. 아주 오래전부터 중세 유럽에 전해져 내려오는 식물인 만드라고라는 신비로운 힘을 가진 '마법의 약초'로 알려져 있다. 특히 마녀들이 마법을 부리는 데 쓰여 '악마의 약초', '악령이 깃든 사과'라고도 불린다. 이 약초를 먹은 사람은 환각과 환청에 시달리거나, 미치거나, 심할 경우 죽을 수도 있다.

만드라고라의 가장 큰 특징은 사람의 모습을 띤 뿌리다. 뿌리 모양에 따라 수컷과 암컷을 구분한다. 옛이야기에 따르면, 만드라고라는 뽑으면 고막이 찢어질 듯한 비명을 지르는데 이 비명을 들은 사람은 귀에서 피를 흘리며 죽는다고 하고, 설령 살아남는다고 해도 반미치광이가 된다고 한다. 실제로 중세 기록에는 비명을 지르는 만드라고라를 채취하는 특수한 방법이 상세하게 적혀 있다. 먼저 개 1마리를 데려와서 만드라고라와 개를 줄로 연결한다. 그 후 주인이 멀리서 개를 부른다. 개가 주인에게로 달려오면서 만드라고라를 뽑고 비명 소리를 들은 개는 사망한다.

전설 속에나 있을 법한 별난 특징을 가진 만드라고라는 실존하는 식물이다. 정식 명칭은 만드라고라 오피시나룸Mandragora

Officinarum이며, 지중해 연안에 분포하는 가짓과 식물이다. 뿌리가 굵어서 사람의 형상과 비슷해 보이긴 하지만, 전해오는 이야기처럼 뽑힌다고 해서 비명을 지르진 않는다. 만드라고라가 '악마의 약초'라 불린 이유는 성분 때문이다. 만드라고라 안에는 효시아민Hyoscyamine, 스코폴라민Scopolamine 같은 80가지 이상의 화학 물질이 들어 있다. 그중 대표적인 성분이 바로 아트로핀Atropine이다. 아트로핀이 인체에 작용하면 눈의 동공이 커지고, 입에서 침이 마르며, 과량 사용 시 환각이나 환청을 보게 된다. 심하면 정신 이상에서 사망에까지 이를 수 있다. 과연 마녀의 약초라고 불릴 만하다.

만드라고라

개를 이용한 만드라고라 채취법

전설 속의 만드라고라는 마녀가 박쥐나 늑대로 변한 후 인간으로 되돌아오기 위해 쓰거나, 저주에 걸린 사람의 저주를 풀 때 사용했다고 한다. 실제 만드라고라는 중세에는 마취제로 쓰이기도 했지만 가장 많이 쓰인 것은 사람을 죽이기 위한 독이나 범죄를 위한 환각제나 마약 용도였다. 그래서 사람들은 만드라고라에 '마녀의 약초'라는 전설을 만들어서 사람들로 하여금 경각심을 주고자 했을 가능성이 크다. 실존하는 만드라고라와 전설 속 만드라고라의 차이 때문에 웃지 못할 일도 있었다. 보통 개를 이용해 만드라고라를 뽑아내고 그 개는 비명 소리 때문에 죽었으리라고 생각했기 때문에 사람들은 그냥 뽑아서 가져온 만드라고라는 가짜라고 생각했다. 영악했던 일부 상인들은 만드라고라에 일부러 죽은 개의 시체를 달아서 일종의 진품 인증서로 사용했다고 한다.

ː 국가 원수의 아들 가방에서 발견된 해독제는?

2017년 2월, 말레이시아 쿠알라룸푸르 공항에서 인도네시아와 베트남 국적의 연예인 지망생이었던 여성 둘은 감독의 지시하에 사람들의 얼굴에 크림을 바르고 도망치는 영상을 촬영하고 있었다. 그때 감독이 한 중년 남성을 지목했다. 이 모든 것이 단순한 장난인 줄만 알았던 여성들은 지금까지 해왔던 것처럼 그 남성에게 다가가 준비한 크림을 얼굴에 바른 후 도망쳤다. 하지만 그다음 일어난 일들은 이것이 단순한 영상 촬영이 아니었음을 말해줬다. 사건 이후 여성들은 경찰들에게 수배돼 체포될 때까지도 자신들이 한 남성을 죽였다는 사실을 믿을 수 없었다. 그것도 국가 원수의 아들을 죽였다는 사실을 말이다.

이 사건은 북한 김정일 국방위원장의 장남이었던 김정남이 독살됐던 사건이다. 그의 얼굴에 발려져 있던 크림에는 치명적인 약물인 'VX'가 발견됐다. 용의자들의 신원을 조사해보니 북한에서 파견된 공작원임이 밝혀졌으나, 이들은 김정남이 사망 후 말레이시아를 떠나 북한으로 돌아갔다. 북한은 이 사건을 공식적으로 부인했고, 결국 이 사건은 영구 미제 사건으로 남게 됐다.

말레이시아 경찰은 이 사건을 조사하면서 흥미로운 사실을 발견했다. 그의 가방 안에 신경 작용제인 VX를 해독할 수 있는 약이 들어 있었기 때문이다. 김정남은 자신이 독살당할 경우를 대비해 미리 해독제를 준비하고 있었다. 하지만 안타깝게도 찰나의 순간 해독제를 써보지도 못하고 죽음을 맞이했다. 그 해독제가 아트로핀이다. 현대에 들어와서 아트로핀은 독이 아니라 약으로 쓰인다. 우리 몸의 신경 끝에서는 아세틸콜린 Acetylcholine이라는 물질이 분비되는데, 주로 온몸의 근육을 수축시키는 역할을 한다. VX는 이 아세틸콜린의 양을 증가시켜서 온몸의 근육을 수축시키는데, 이 경우 사람의 몸이 과도한 수축으로 마비 상태에 빠진다. VX에 노출된 사람들은 대부분 호흡에 필요한 근육이 마비돼 질식사로 사망한다. 아트로핀은 이런 독약들과 반대 작용을 한다. 바로 아세틸콜린을 차단해 독약의 작동을 일시적으로 막아준다. 독을 독으로 치료하는 셈이다.

군대에 다녀왔다면 전쟁 시 독가스나 유독 물질에 노출됐을 때 대처하는 '화학전 훈련'을 받아봤을 것이다. 방독면과 방호복뿐만 아니라 KMARK-1이라 하는 화학 무기 응급 키트로 주사기 2개를 지급받고 이것들을 허벅지에 찔러넣는 훈련을 한다. 2개의 주사기 중 가장 먼저 찔러야 하는 것이 아트로핀이다. 화학 무기가 신경계에 작용하는 과정을 막아서 추가 피해를 막고 치료제를 투입해 회복할 수 있는 시간을 벌기 위함이다. 하지만 과량으로 투여할 시에는 치명적인 독약이 된다. 아트로핀을 주사로 투여하면 1분 안에 그 효과가 나타나고, 30분에서 60분간 효과가 지속된다. 안약 1통 정도의 양(10~20밀리그램)만 있으면 사람을 죽일 수 있다. 그래서 아트로핀은 한 번에 최대 3밀리그램까지만 투여한다.

: 안약으로 사용되는 마녀의 약초

일상생활에서 아트로핀을 접할 기회가 있을까? 물론 있다. 주로 안약을 통해서다. 아트로핀이 안약에 많이 쓰이는 이유는 동공을 확장시키는 특징이 있기 때문이다. 망막 관련 수술이나 치료 시 망막을 잘 관찰해야 하는데, 이때 동공을 크게 확대하면 뒤에 있는 망막이 더 잘 보인다. 그래서 동공을 확대하는 국소 마취제로 사용하고 있다. 과거 '안약을 먹으면 죽는다', '안약이 자살 약으로 쓰인다'라는 소문이 있었는데, 실제로 아트로핀 안약을 먹어서 중독 상태에 빠지는 사례가 종종 있었다.

최근 이 아트로핀이 자녀를 둔 부모님들 사이에서 유명해졌다. 이것이 아이들의 '근시 진행 억제제'로 쓰이고 있기 때문이다. 살면서 근시가 가장 잘 발생하는 시기는 언제일까? 나이가 들어서 노안이 올 때? 아니다. 근시는 청소년기와 성장기에 가장 많이 발생한다. 건강보험심사평가원의 조사 결과에 따르면, 2019년 근시 환자 120만 명 중 36퍼센트가 10~19세로 가장 많고, 0~9세가 21퍼센트로 두 번째로 많다. 성장 과정에서 나타나는 안구의 구조적 변화, 그리고 컴퓨터 화면과 스마트폰, 책을 가까이서 보는 생활 습관 때문이다.

가까운 곳을 보는 것이 힘들까, 먼 곳을 보는 것이 힘들까?

대부분의 사람은 먼 곳을 보는 것이 힘들다고 생각하겠지만, 눈의 구조상 가까운 곳을 보는 것이 더 힘들다. 가까운 것에 초점을 맞추기 위해 빵 반죽을 양쪽으로 쭉 당기듯 렌즈를 당겨서 얇게 만들어야 하기 때문이다. 이때 눈의 렌즈인 '수정체'와 렌즈를 조절하는 근육인 '조절체'가 과도하게 사용된다. 그러면 근육이 가까이 있는 것은 잘 보고 멀리 있는 것은 상대적으로 보기 어려운 근시가 된다. 아트로핀은 이 근육의 운동을 억제해 근시 진행을 늦추는 효과를 보인다. 실제로 미국안과학회 American Academy of Ophthalmology, AAO에서 발표된 연구 결과에 따르면, 아트로핀 점안액이 어린이 근시 진행을 50퍼센트까지 지연시키는 효과가 있다고 한다. 과거에는 고농도의 아트로핀도 사용했지만 부작용을 우려해 0.05퍼센트, 0.02퍼센트로 아주 얇게 희석한 아트로핀을 눈에 넣어서 사용한다.

보통 자기 전 1일 1회 눈에 점안한다. 다만 이 안약을 사용할 때 특히 주의해야 할 점이 있다. 우리 눈의 눈물관은 콧속의 비강으로 이어져 있다. 그래서 눈으로 들어온 안약이 종종 비강을 통해 목으로 넘어가기도 한다. 아주 간혹 아트로핀 안약 성분이 목구멍으로 넘어가 약물 부작용을 일으키는 사례가 있으므로 안약을 넣을 때는 항상 눈 안쪽과 콧대 사이를 1분 정도 지그시 눌러주는 것이 좋다.

아트로핀이 사용되는 영역은 이뿐만이 아니다. 아트로핀은 근육뿐만이 아니라 신경을 억제하는 작용도 있다. 주변에 혹시 조금만 긴장해도 손과 발 심지어 얼굴에 시도 때도 없이 땀을 흘리는 사람이 있지 않은가? 다한증이 심한 경우 대인관계에도 지장이 생기고 악기 연주나 정밀한 작업을 하기도 어렵다. 모공에서 땀을 분비하는 과정은 우리 몸의 교감 신경과 부교감 신경이라는 두 신경의 균형으로 유지되는데, 이 신경의 균형이 무너지면 땀 조절이 안 된다. 그래서 신경을 억제하는 아트로핀 주사로 다한증을 치료한다.

뿌리를 뽑기만 해도 사람을 미치게 만드는 무시무시한 전설을 가진 '마녀의 약초'가 오늘날까지 다방면으로 쓰이고 있는 이유는 무엇일까? 그것은 현대인들이 가진 많은 질병이 어떤 '편협함'으로 인해 탄생했기 때문이다. 여기서 편협함이란 한쪽으로 치우쳐 있고 좁은 시야로 넓게 보지 못함을 말한다. 현재 우리는 과도한 긴장과 장기적인 스트레스로 교감 신경과 부교감 신경의 균형이 무너져 있는데, 이는 많은 질병의 원인이 되고 있다. 수많은 미디어 매체와 휴대용 기기 덕분에 눈 바로 앞에서 디지털 화면을 보는 시간이 길어지면서 근시 환자들의 수는 날로 증가하고 있으며, 어린아이부터 노인까지 나이대도 다양해지고 있다.

: 눈앞의 것만 보는 사람들

"나를 이렇게 잔인하게 대하다니, 화형당하는 것보다 차라리 7번 참수당하는 편이 나으리라. 나의 몸은 결코 더럽혀지지 않았는데 이제 타버려 재로 돌아가는구나."

그렇게 1431년 영국군에 의해 19세 소녀 잔 다르크는 화형에 처해졌다. 그녀의 죽음은 프랑스 국민들을 격분하게 했고 이는 영국군을 프랑스 영토에서 몰아내는 정신적 계기가 됐다. 결국 그녀가 죽은 후 22년이 지난 1453년에 프랑스군은 영국군을 완전히 몰아냈다. '마녀'라는 불명예를 안겨준 그녀의 재판은 1456년이 돼서야 샤를 7세가 재조사를 명했고 재심을 통해 무효라고 선언됐다. 그러면 뭐하겠는가? 이미 그녀가 불타고 남은 재는 프랑스 센강에 뿌려진 후였다.

사회 심리학 관점에서 대중의 '편협함'은 사회 곳곳에서 문제를 일으키고 있다. 스테디셀러인 니콜라스 카 Nicholas Carr 의 《생각하지 않는 사람들 The shallows 》은 정보화 사회에 진입하면서 사람들의 뇌 구조와 사고방식이 어떻게 바뀌었는지 이야기해준다. 사람들은 이제 깊이 생각하기를 원치 않는다. 어떤 정보가 나타나면 그것의 사실 여부를 따지기보단 그 정보가 감정적으로 얼마나 자극적이고 호기심을 부르는지에만 관심이 있다.

정보가 넘쳐날수록 정보를 선택하는 가치관은 한쪽으로 치우쳐진다. 유명인이 선전한 물품은 그게 무엇이듯 불티나게 팔린다. 내 편이 아니면 무조건 배척하고 내 편이면 무슨 말이든 옳다는 흑백 논리가 팽배해지고 있다.

눈앞의 것에만 사로잡혀 전체적인 관점을 보지 못하는 태도를 흔히 '근시안적 태도'라고 한다. 근거도 따지지 않고 각종 루머나 의혹을 무조건 믿는 태도, 이성보다 감정에 치우쳐서 순간적으로 잘못된 선택을 하거나, 고정 관념 때문에 요즘 말하는 '답정너' 같은 태도 모두 근시안의 결과라고 할 수 있다. 마녀사냥 역시 그렇다. 과거 사람들은 이성적으로 설명할 수 없는 현상들을 마법과 미신의 영역으로 몰아갔다. '마녀이기 때문에'라는 이유는 갖다 붙이기 너무나도 편리한 말이었고, 수많은 사람을 십자가에 묶어 화형에 처하는 집단 광기로 이어졌다. 오늘날에도 사실 여부를 떠나서, 이른바 정의 구현이라는 명목하에 벌어지는 현대판 마녀사냥이 즐비하고 있다. 그 역사 속에서 만드라고라는 마녀의 약초로서 과거 유럽 사람들의 '근시안'을 가져오는 원인이 됐고, 아이러니하게도 오늘날에는 '근시안'을 치료하는 약물로 사용되고 있다.

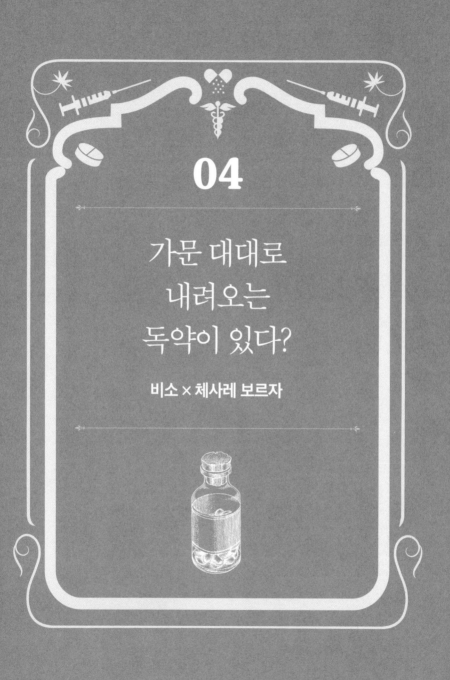

04

가문 대대로
내려오는
독약이 있다?

비소 × 체사레 보르자

"자, 사위. 한 잔 받게나."

밀라노의 귀족 조반니 스포르차Giovanni Sforza는 불안한 마음으로 그에게 다가갔다. 그의 아내 루크레치아 보르자Lucrezia Borgia는 무표정하게 이 모습을 보고 있었다. 맞은편 교황 알렉산더 6세Alexander VI는 고기 요리에 정신이 팔린 듯 보이지만 그의 눈은 스포르차가 받는 잔에 가 있었다. 그 순간 그들 사이에서 어색한 정적이 흘렀다. 스포르차는 망설였다.

'와인을 마셔야 하는가?'

그는 오랫동안 내려오던 보르자 가문에 대한 소문을 알고 있었다.

'보르자의 술을 받지 마라. 마신 자는 반드시 죽는다.'

르네상스 시대를 풍미했던 보르자 가문. 교황이 된 아버지와 그의 아들 그리고 딸. 그들의 걸림돌이 되거나 그들을 견제하던 이들은 모두 알 수 없는 죽음으로 하나둘씩 사라졌다. 아내 루크레치아의 이혼 요구를 계속해서 거부하던 스포르차는 생각했다.

'어쩌면 나도 그들의 걸림돌이지 않을까? 저 잔을 받기가 망설여진다.'

돈과 권력, 심지어 미모까지 완벽한 저 집주인, 체사레 보르자Cesare Borgia가 음흉한 미소를 지으며 다시 한번 말한다.

"뭐하는 건가? 우리 가문 대대로 내려오는 특제 와인이네.

존 콜리어John Collier, 〈체사레 보르자와 와인 한 잔A Glass of Wine with Cesare Borgia〉

아마 자네도 마음에 들 거야. 어서 들게."

르네상스 시대는 독극물의 시대라 해도 과언이 아니다. 연금술과 화학의 발달로 순도 높은 화학 물질을 추출하는 기술이 가능해졌고, 이전에는 알 수 없었던 독극물들이 등장했다. 많은 귀족과 왕들은 자신의 정치적 야망과 목표를 위해 이 조용한 암살자를 사용했다. 그중에서도 가장 사랑받던 약물이 바로 비소^{Arsenic}였다.

비소는 2가지 별명을 가지고 있다. '독약의 왕' 그리고 '왕의 독약'. 비소는 유럽 중세와 르네상스 시기에 많은 귀족과 왕들을 암살하는 데 사용됐다. 비소가 '독약의 왕'이란 별명이 붙은 데는 비소 특유의 은밀하지만 치명적인 독성에 있다. 비소로 만든 독약의 특징은 맛이 거의 없고 냄새도 나지 않아서 음식이나 음료에 타도 눈치를 채기 힘들다. 인간을 죽이는 데 필요한 치사량은 0.14그램 정도로 8분의 1티스푼밖에 되지 않는다. 무엇보다 사람을 천천히 죽인다. 다른 독약처럼 그 자리에서 곧바로 피를 토하며 죽지 않는다. 정밀하게 계량해서 먹이면 며칠, 몇 주 후에 피해자가 죽는지 계산할 수 있을 정도로 높은

비소

정확성을 보인다. 그래서 피해자가 독 때문에 죽은 건지, 다른 이유로 죽었는지 특정해내기 어려워 알리바이를 만들기에도 안성맞춤인 독약이다.

비소는 쉽게 말해 세포를 굶겨서 사람을 죽인다. 우리 몸의 세포가 활동하려면 에너지가 필요하다. 이를 전문 용어로 ATP$_{\text{Adenosine Tri-Phosphate}}$라고 하는데 비소는 이 ATP를 합성하는 과정을 억제한다. 그러면 우리 몸의 세포는 에너지를 공급받지 못해서 하나하나 죽기 시작한다. 그래서 비소는 천천히 사람을 죽일 수 있는 것이다. 세포가 괴사하고 장기가 망가지기 시작하면 제일 처음 나타나는 증상은 고열과 구토, 설사다. 그러다가 혈관과 피부에 병변이 나타나고 전신 출혈을 일으키며 사망한다. 그런 이유로 사람들은 비소의 피해자들이 독극물 때문이 아니라 단순 병이나 자연사로 사망했다고 봤다.

ː 조상들이 은수저를 쓴 이유

"세자는 본국에 돌아온 뒤 얼마 안 돼 병을 얻었다. 병을 얻은 지 수일 만에 죽었는데 온몸이 검게 변했고, 이목구비 7구멍에도 선혈이 흘러나왔다. 마치 약물에 중독돼 죽은 사람 같았다.”

소현세자는 조선의 왕 인조의 아들로서 병자호란 때 청나라에 볼모로 잡혀갔다. 8년의 타지 생활 끝에 조선으로 돌아왔으나 고향 땅을 밟은 지 2개월 만에 목숨을 잃었다. 어의는 소현세자가 학질을 앓고 3일 후 요절했다고 했지만, 소현세자의 시신을 본 신하들은 이상하다 여겼다. 소현세자의 모습이 병으로 죽은 사람의 모습이 아니라 마치 독살을 당한 사람처럼 보였기 때문이다.

오랜 시간을 청나라에서 지내고 돌아온 소현세자는 인조와 신하들과 많은 갈등을 빚었다. 그가 청나라에서 가져온 진귀한 서양 문물을 인조는 탐탁지 않게 바라봤다. 당시 조선 왕실은 명나라와 친하게 지내고 청나라를 멀리하는 친명반청 정책을 고수했기 때문이다. 신하들 사이에서는 소현세자가 청나라에서 조선을 지배하기 위해 보낸 대리인이라는 소문이 파다했다. 청나라의 왕 앞에서 땅에 이마를 박으며 절을 한 '삼전도의 굴욕'을 겪은 인조에게 청나라에서 살다 온 소현세자는 어떤 존재였을까? 소현세자는 청나라의 문물과 선물을 가져왔지만 인조는 오히려 화를 내며 그가 가져온 벼루를 내던졌다. 상황이 그랬다 보니 '인조와 세자의 관계가 좋지 않았으니 그가 독살을 당했을 것이다'라는 소문이 돌았다.

소현세자가 죽고 난 뒤 인조의 태도도 이상했다. 그는 소현세자 장례를 3년상에서 평민 장례 수준인 7일장으로 급하게 마무리지었다. 보통 왕이 사망한 경우 그의 어의에게 문책을 묻는 경우가 대부분이었는데, 인조는 세자의 치료를 책임졌던 어의 이형익에게도 죄를 묻지 않았다.

소현세자를 모시던 신하들은 그가 독약, 그중에서도 비상Arsenic Trioxide, 삼산화 비소으로 목숨을 잃었을 것이라 생각했다. 조선에서는 '비상'이라고 불리는 비소와 황의 화합물을 독약으로 주로 썼다. 하얀 광물 가루로 채취되던 비소는 밀가루나 음식에 섞기 좋았다. "우리나라 사람들이 은수저를 옛날부터 써왔던 이유는 음식에 든 독을 검출하기 위해서다"라는 이야기를 들어본 적 있을 것이다. 실제로 비상은 은과 반응하면 은이 검은색으로 변한다.

ː 왕이 될 상이었던 비소 마니아

니콜로 마키아벨리Niccolo Machiavelli의 《군주론The Prince》은 인문 고전 중에서도 파격 그 자체인 작품이다. 우리가 평소에 알고 있는 '군주'에 대한 이미지를 완전히 뒤엎었기 때문이다. 그런데 이 책에 롤 모델이 됐던 인물이 실제로 존재했다는 사실을 아는가? 바로 '체사레 보르자'라는 인물이다.

마키아벨리의 《군주론》은 그가 외교관 자격으로 로마 교황청에 방문했을 때 교황의 아들이었던 체사레를 만나고 집필이 시작됐다. 당시 마키아벨리뿐만 아니라 많은 지식인의 열망은 이탈리아의 통일이었다. 이탈리아는 수많은 도시 국가로 잘게 잘게 나뉘어 있었다. 통합되지 않은 작은 도시 국가들은 외부 세력들에게 쉽게 공격당하고 무너지기 일쑤였다. 강력한 국가를 만들기 위해서는 도시 국가들의 통일이 필요했다. 모두가 '하나 된 이탈리아'를 외쳤지만, 누구 하나 실행에 옮기는 이가

니콜로 마키아벨리

체사레 보르자

없었다. 많은 이들은 자신들의 소망을 이뤄줄 강력하고 거침없는 군주를 열망했다. 그때 마키아벨리는 체사레에게서 이상적인 군주의 모습을 봤다. 한마디로 '왕이 될 상'이었다.

'아, 그럼 당시 체사레는 굉장히 어질고 인자하면서 백성을 사랑하고 한없이 너그러웠겠구나' 싶겠지만, 천만에! 오히려 그 반대였다. 그는 권모술수와 계략, 음모가 모이면 어떤 사람이 탄생하는지 보여주는 전형적인 인물이었다. 자신의 길을 막는 적들을 은밀하면서도 거침없이 제거했다. 권력을 가질 수 있다면 자신의 동생을 죽이는 일도 마다하지 않았다. 이처럼 냉혈한이었지만 이성적이고 날카로운 판단력과 실행력으로 권력을 쟁취했다.

또한 뛰어난 장군이기도 했는데, 여우같이 기민한 전략과 사자같이 용맹한 결단으로 전쟁터에서 승리를 차지하기도 했다. 잘생긴 외모와 세련된 외교 감각은 덤이었다. 마키아벨리가 목적을 위해서라면 도덕도 신의도 필요 없고 수단과 방법을 가리지 않는 체사레의 삶 자체를 이상적으로 본 것은 아니다. 오히려 체사레의 마지막을 굉장히 냉소적으로 묘사했다. 그러면서 동시에 "자고로 군주라면 때로는 어짊과 인자함만이 아니라 두려움과 힘을 발휘해 나라를 강하게 만들 필요가 있다"라고 말했고, 그것을 실천한 체사레를 높이 평가했다.

체사레의 삶은 현대의 막장 드라마에 비견될 만큼 파란만장한 드라마 그 자체였다. 그의 출생부터가 범상치 않았는데, 사실 보르자 가문은 순수 이탈리아 귀족 출신이 아니라 스페인 귀족 출신이었다. 그는 성직자였던 알렉산더 6세의 아들이었다. 성직자가 자식이 있다는 사실도 놀랍지만, 더 놀라운 사실은 그가 내연녀 사이에서 태어난 서자라는 것이다. 이러한 출신에도 불구하고 체사레는 어렸을 때부터 상당히 비범하고 명석한 재능을 가지고 있었다. 게다가 어머니를 닮아서 매우 미남이었다고 하니 흔히 말하는 '엄친아'였던 셈이다. 아버지 알렉산더 6세 역시 그의 가능성을 높이 사서 그를 곁에 뒀다.

1492년 알렉산더 6세가 교황으로 선출되면서 체사레는 권력 중심부에 서게 됐다. 그러나 곧바로 위기가 찾아왔다. 프랑스 국왕 샤를 8세Charles VIII가 군대를 이끌고 로마를 침략한 것이다. 이탈리아는 작은 도시 국가들로 분열돼 있었기 때문에 막강한 프랑스군 앞에서 하나둘씩 무너져내렸다. 그때 체사레는 결심했다. 이탈리아의 도시 국가들을 통일해서 하나의 이탈리아로 만들어야겠다고. 그 후 그는 교황군의 총사령관 자리에까지 올랐고, 로마 주변 국가들을 통일하며 강력한 군주로 거듭났다.

고작 31세밖에 되지 않았던 그가 어떻게 그렇게 빨리 권력의 중심에 설 수 있었을까? 이탈리아 귀족 출신도 아닌, 스페인에서 건너온 변방의 귀족이었던 그의 가문은 어떻게 교황을 배출하는 강력한 가문으로 성장할 수 있었을까? 성직자의 자식인 것도 모자라, 첩의 자식이었던 체사레는 어떻게 교황군을 이끄는 총사령관의 자리까지 오를 수 있었을까? 그 비밀은 바로 보르자 가문 대대로 내려오는 라 칸타렐라La Cantarella라는 약에 있다.

라 칸타렐라는 권모술수, 배신과 음모를 상징하는 보르자 가문의 트레이드 마크였다. 라틴어로 '작은 컵'을 의미하는 Cantharellus에서 따왔다고 한다. 약의 주성분이 무엇인지 정확하게 알기는 어려우나 가장 유력한 성분은 바로 '비소'다. 사실 라 칸타렐라를 사용한 사람은 체사레뿐만이 아니었다. 그의 아버지 알렉산더 6세 역시 대립 관계에 있던 베네치아 추기경을 제거하는 데 썼고, 체사레의 여동생 루크레치아도 그의 적들을 제거하는 데 사용했다. 적을 제거하는 데 필요한 '가문 대대로 전해 내려오는 비약'이었던 것이다.

특히 체사레는 비소를 매우 효과적으로 사용할 줄 알았다. 비소를 이용한 암살의 핵심은 비소의 혼합과 희석에 있었다. 살상력이 막강했기 때문에 최대한 인체에 천천히 흡수되도록 돼지기름과 섞어 사용했다고 한다. 비소를 흡수시킬 때 비단 포도주에 섞어서 줄 뿐만 아니라 연고처럼 만들어 상대방의 옷이나 장갑, 장화 속에 발라두기도 하고, 꽃에 묻혀서 냄새를 맡게 하거나 불을 붙여 연기를 맡게 하는 등 여러 가지 방법으로 독약에 노출시켰다. 심지어 체사레는 자신의 반지 안에 이 독을 항상 보관했다가 언제 어디서든 기회가 생기면 사용했다.

체사레의 권력이 커질수록 내부에서는 그를 견제하는 귀족들이 늘어났다. 또 그를 따르던 용병 대장들마저 반역을 꾀하자 체사레는 비밀의 약을 다시 한번 꺼내 들었다. 그는 화해의 의미로 자신에게 반하던 용병 대장들과 귀족들을 저녁 만찬에 초대했다. 만찬이 끝나가던 중 그들에게 포도주 한 잔씩을 돌렸다. 모두들 포도주를 맛있게 들이켰고 집으로 돌아갔다. 그리고 다음 날 원인을 알 수 없는 죽음을 맞이했다.

당시에는 비소를 검출할 수 있는 마땅한 방법도 없었거니와 비소 중독으로 나타나는 설사와 고열은 동시대에 유행하던 설사병인 콜레라와 증상이 비슷해서 많은 이들이 콜레라로 착각했다. 체사레는 그들의 죽음이 우연이라고 주장했지만 이미 그에게는 의문스러운 전적들이 많이 있었다. 그와 식사를 하고 난 다음부터 사람들이 알 수 없는 이유로 시름시름 앓다가 죽는 일이 비일비재했기 때문이다. 계속되는 우연적인 죽음으로 인해 그의 지위와 권력은 점차 높아졌고, 사람들 사이에서는 자연스레 '체사레와 식사를 하면 죽는다', '체사레가 주는 와인을 마시면 죽는다'라는 소문이 퍼졌다.

배신과 음모의 상징인 체사레는 마찬가지로 자신의 라이벌의 배신으로 순식간에 나락으로 떨어졌다. 한순간에 로마의 배신자가 되어 도망자 신세로 전락했다. 다행히 이웃 나라 나바라 왕국에서 재기해 총사령관직까지 맡았지만 반란을 토벌하다 허무하게 사망했다. 당시 칼을 25군데나 맞아서 피투성이가 됐고, 원한이 많았던 반란군이 그의 옷을 다 벗겨서 나체의 피투성이로 전장 한복판에 버렸다. 마키아벨리는 그의 마지막을 이렇게 묘사했다.

"결국 천하의 체사레도 별거 없었다."

: 독약의 왕, 생명을 살리는 약이 되다

아이러니하게도 '독약의 왕'이라 불리던 비소는 동시에 생명을 구하는 약이 됐다. 그 중심에는 19세기 중반에 활약한 독일 과학자 파울 에를리히Paul Ehrlich가 있었다. 현대 약학의 기반을 세운 중요한 인물인 그는 "병원체나 인간 세포의 특정한 분자 구조가 약의 특정 부분과 반응해 효과를 낸다"라는 수용체 이론Receptor Theory을 제시했는데, 이는 지금도 통용되고 있는 현대 약학의 기초 이론이다. 그 이전에는 '약물의 자극이 약하면 흥분을 일으키고, 약물의 자극이 강하면 억제한다'라는 원시적인 수준의 약물 이론이 지배적이었다. 따라서 그의 이론은 현대 약학 이론을 한 차원 끌어올리는 결과를 가져왔다. 그가 중요한 또 다른 이유는 세계 최초의 합성화학 치료제를 만들어낸 인물이라는 점이다. 그가 만든 살바르산Salvarsan은 당시 유럽을 휩쓴 매독Syphilis을 치료하는 효과적인 치료제가 됐다. 이 살바르산에 들어가는 성분이 바로 비소다.

매독은 트레포네마 팔리둠Treponema pallidum이라는 균에 의해 생기는 병으로, 성관계를 통해서 전파된다. 감염되면 가장 먼저 생식기와 항문 근처에 피부 궤양이 나타난다. 그 후에는 다양한 내부 장기로 균이 침범하고, 중추 신경과 뇌에 침범하면 정신 이상과 치매를 일으킬 수도 있으며, 결국에는 사망에 이르게 한다. 1494년 유럽에서 처음 발병했다는 기록이 있고,

파울 에를리히

1539년 스페인 의사의 기록에 따르면 100만 명 이상의 유럽인이 걸렸다고 하니 얼마나 무서운 병인지 어느 정도 가늠해볼 수 있다.

19세기까지만 해도 매독을 치료할 수 있는 마땅한 방법이 없었다. 그나마 효과가 있는 치료법이 수은을 복용하는 것이었는데, 알다시피 수은은 독성이 매우 강한 중금속이었기에 매독균뿐만 아니라 사람도 같이 죽이기 일쑤였다. 이때 에를리히가 발명한 살바르산은 인간 세포는 피하고 매독균에게만 선택적으로 약효를 발휘했다. 그 덕분에 매독 치료제가 등장해 많은 유럽인의 목숨을 구할 수 있었다. 이전의 치료제들은 천연 물질을 그대로 사용하거나, 기존의 천연 물질에 약간의 화학적 변형을 가해서 신약을 만드는 경우밖에 없었다. 에를리히의 출현은 화학 물질의 합성을 통해 하나의 약물을 만든 최초의 사례가 됐다.

살바르산이 담긴 병에는 '생명을 살리는 비소'라는 이름이 함께 적혀 있다. 어떻게 그는 독약으로 알려졌던 '비소'를 치료제로 만들 생각을 했을까? 사실 에를리히가 살바르산을 만들기 전에 관심을 가졌던 물질은 바로 염료Dye였다. 면직물을 염색하기 위해 쓰였던 염료는 세균과 세포 관찰을 하기 위해 염색하는 용도로도 사용됐다. 이때 그는 몇몇 염료에서 특이한

성질을 발견했다. 염료가 인간 세포가 아닌 세균 세포에만 달
라붙는다는 사실을 말이다. 그렇다면 이 염료를 '세균에게 약
물을 전달해주는 택배 기사 역할'로 활용할 수 있지 않을까?
세균에게 어떤 약물을 전해주면 세균을 죽일 수 있을까? 에를
리히는 비소를 독약으로 사용했던 보르자 가문의 이야기를 알
고 있었던 듯, 그가 처음 선택한 약물이 바로 비소였다. 그는
900여 가지나 되는 비소 염료 화합물을 만들어서 하나하나 실
험을 하기 시작했다. 606번째 시도 끝에 매독균을 효과적으로
죽일 수 있는 화합물을 발견했다. 그 약을 '606호'라고 불렀다.

보통의 과학자였다면 '사람을 죽이는 비소를 어떻게 치료
제로 쓸 수 있겠는가?'라고 생각했을 것이다. 그러나 에를리히
는 생각을 전환해 '사람을 죽이지 않고 세균만을 골라 죽일 수
는 없을까?' 하는 파격적인 이론으로 최초의 매독 치료제를 개
발해냈다. 마치 마키아벨리가 파격적인 정치 이론을 바탕으로
《군주론》을 써 내려갔듯이 말이다. 물론 살바르산은 더 이상
매독 치료제로 사용하지 않는다. 훨씬 효과적으로 매독균을 죽
이는 광범위 항생제들이 발명됐고, 무엇보다 살바르산이 선택
적으로 세균에 작용한다 했지만 너무 많이 복용하면 비소 때문
에 사람이 죽을 위험이 있어서다.

1836년 영국의 화학자 제임스 마쉬James Marsh가 음식이나

세포 안에 든 비소를 검출하는 정확한 검출법을 발견해낸 이후 암살 약으로써의 비소는 사라졌다. 오히려 지금은 의학계에서 생명을 살리는 약으로 계속 쓰이고 있다. 비소는 세포를 굶겨 죽임과 동시에 세포의 자살을 유도하고 성장을 막으며 혈관 생성을 억제한다. '세균을 죽일 수 있지 않을까?'라는 에를리히의 아이디어는 점차 나아가서 '그럼 세균 말고 암 세포를 죽일 수 있지 않을까?' 하는 생각으로까지 이어졌고, 현재 삼산화 비소는 혈액암 중 하나인 급성 골수성 백혈병의 치료에 사용되고 있다.

05

백신의 특허권은
누구에게 있는가?

백신 × 에드워드 제너

고대 문명에서 태양은 신과 같은 존재였다. 항상 그들의 머리 위에서 밝게 빛나며 뜨거운 생명의 빛을 내뿜는 존재. 때때로 태양이 어두운 무언가에 의해 가려지면 온 세상은 칠흑 같은 어둠 속에 잠긴다. 사람들은 이때가 '세계의 종말'일 것이라고 믿었다. 신적인 존재인 태양이 어둠의 존재에게 잡아먹혔다고 생각했고, 그 두려움에 제사를 지내거나 제물을 바쳤다. 물론 이 현상은 '개기 일식'이라는 단순한 천체 운동 중 하나에 지나지 않는다. 달이 태양을 가린 완벽한 순간, 달 주변으로 태양의 불이 고리 모양으로 보이게 된다. 그 모습이 마치 왕관 같다고 해서 이름 붙여진 코로나Corona 현상은 고대인에게 세계의 종말을 알리는 하나의 표식이었다. 오늘날의 코로나바이러스

Corona Virus라는 이름은 이 코로나 현상에서 따왔다. 바이러스의 생김새가 코로나 현상의 모습과 비슷하게 생겼는데, 리보핵산 RiboNucleic Acid, RNA이라는 유전 물질이 코로나바이러스 안에 있고, 둥근 원 주변으로 세포 침투를 위해 필요한 단백질 고리가 튀어나온 구조로 되어 있다.

많은 사람이 코로나바이러스 자체가 새로 생긴 신종 바이러스라고 생각한다. 그러나 알고 보면 훨씬 이전부터 호흡기 감염과 감기 증상을 일으키는 대표적인 바이러스 중 하나였다. 그때까지만 해도 의학자들은 코로나바이러스라는 존재를 해마다 불편한 감기 증상을 일으키는 바이러스 그 이상도 그 이하도 아닌 존재로 여겼다. 존재감 없던 이 바이러스는 2020년대에 들어 시대를 대표하는 한 단어라고 해도 무방할 만큼 전 세계에 너무나 많은 변화를 일으켰고, 또 일으키는 중이다. 이 바이러스가 수많은 사람을 감염시켜 목숨을 빼앗고 현대 문명의 암흑기를 가져올 줄 누가 상상이나 했겠는가?

코로나바이러스는 변신의 귀재다. RNA바이러스라는 코로나바이러스의 특징은 '한 번 쓰러져도 새로운 모습으로 끊임없이 인류에게 도전한다'라는 사실을 의미한다. 코로나바이러스는 종식의 기미가 보일 만하면 새로운 변종을 만들었고 더 강력해진 모습으로 우리에게 나타났다. 2003년 등장한 사스Severe

Acute Respiratory Syndrome, SARS·중증 급성 호흡기 증후군와 2015년 유행했던 메르스Middle East Respiratory Syndrome, MERS·중동 호흡기 증후군 역시 코로나바이러스의 3, 6번째 변종이다. 그렇게 차츰 전 인류에게 눈도장을 찍어오던 코로나바이러스는 7번째 변종을 만들었고, 그 결과 '코로나-19'라는 공포의 바이러스가 등장했다.

무증상과 발열, 감기 증상 같은 경증에서부터 호흡 곤란에서 패혈성 쇼크사라는 중증까지 나타나며, 전파력과 치사율도 높다. 전 세계에서 코로나-19로 인해 하루 1만 명의 사람들이 사망하고 있다. 이는 과거 유럽의 암흑기라 불렸던 중세 페스트 시대의 사망자 수와 비슷하다. 코로나-19는 단순히 사망자만을 만들고 있지 않다. 바이러스 대유행 이후 활기를 잃은 거리, 침체된 경제, 비대면으로 사람과 마주 보기 힘든 생활 모습은 중세의 암흑기 모습과도 닮아 있다. 많은 학자가 말한다. 공룡은 거대한 운석으로 멸종했지만, 인류는 아마도 거대한 운석 대신 매우 작은 생물과 무생물의 경계에 있는 바이러스 때문에 멸종할 것이라고.

그렇다고 인류가 바이러스와의 전쟁에서 마냥 가만히 있지만은 않았다. 제약 회사들이 연이어 백신Vaccine을 개발해냈고, 현재 각국에서 접종을 시작했다. 백신을 주도적으로 생산하는 주체는 당연히 실험과 연구 개발에 필요한 기술, 노하우, 자본력을 가지고 있는 다국적 거대 제약 회사들이다. 미국의 모더나와 화이자, 독일의 바이온텍, 영국과 스웨덴의 아스트라제네카 등이 주도적으로 백신 개발과 생산에 앞장서고 있다.

보통 백신 사용 승인을 받으려면 최소 4년에서 10년이 걸리고, 이후에 상용화에 들어갈 수 있다. 다수의 사람이 사용하는 약품인 만큼 인체에 안전한지, 부작용은 있는지, 효과가 충분히 나타나는지 등 여러 임상 시험들의 결과를 확인하려면 많은 시간이 필요하기 때문이다. 하지만 코로나-19 백신의 경우에는 유행이 시작된 지 1년이 채 되지 않았음에도 새로운 백신들이 등장했다. 그 이유 중 하나는 '긴급 사용 승인 제도' 때문이다.

긴급 사용 승인 제도는 신약의 개발 시간을 단축하기 위해 임상 시험을 생략하고 긴급 사용을 허가하는 제도를 말한다. 우리나라에서는 2015년 메르스 이후 신종 감염병 유행 시 빠른 검사를 위한 진단 키트 사용을 위해 마련됐다. 미국에서도 2020년 코로나-19 진단 키트의 빠른 사용을 위해 이 제도가 시행됐다. 이 제도 덕분에 백신 개발과 사용이 더 빨리 진행될 수 있었다. 그 말은 즉, 임상 시험을 포기하는 위험을 감수할 만큼 전 세계의 방역 당국에 비상이 걸렸다는 의미기도 하다.

∶ 백신은 공공재인가?

"대한민국 정부 코로나-19 백신 4,400만 명분 확보. 내년 2월에는 들어온다…."

정부는 어떻게 코로나 백신을 구할까? 제약 회사들이 백신 개발에 성공하기 시작하자 각 정부는 너도나도 백신 확보에 나섰다. 정부의 백신 확보는 2가지 방법으로 나뉜다.

첫 번째 방법은 국제 백신 공유 프로젝트인 코백스퍼실리티COVAX Facility를 통하는 것이다. 쉽게 말해 '공동 구매'다. 이 단체는 제약 회사들과 거래를 통해 싼값에 백신을 확보하고 이것을 연합 국가들과 공평하게 배분하기 위한 취지에서 만들어졌다. 그래서 '백신 협동조합' 또는 '백신 펀드'라고 불리기도 한다. 우리나라도 2020년에 코백스를 통해 1,000만 명분의 백신을 확보했었다. 장점은 한 단체가 대량으로 구매하니 제약 회사 간의 협상을 통해 더 저렴하게 구할 수 있고, 무엇보다 모든 국가에 공평하게 분배될 수 있다.

두 번째 방법은 국가와 제약 회사 간의 직접적인 거래로, 입도선매 방식으로 이뤄진다. 즉, 아직 백신이 생산되지 않았고 효과와 부작용을 확실히 알 수 없지만 일단 대금을 지급하고 다음에 백신을 받기로 계약하는 것이다.

제약 회사들은 백신을 통해 이득을 얻고자 한다. 또한 백신을 만든 자신들의 특허를 주장하며 더 큰 이득을 원한다. 회사의 입장에서 보면 백신은 '상품'이다. 그러므로 돈을 더 많이, 더 빨리 주는 수요자에게 먼저 상품을 판매하려 한다. 당연히 제약 회사는 코백스보다는 국가 간 직접 거래를 선호한다. 전염병 유행 시기에 마트에서 물건을 사재기하러 온 사람들로 인해 아수라장이 되는 모습을 본 적이 있는가? 제약 회사들과 국가 간의 모습이 딱 이러하다.

각 국가의 치열한 백신 확보 과정에서 여러 문제점이 나타났다. 가장 큰 문제는 국가 간 빈부 차이로 인한 백신 확보 격차다. 돈 많은 선진국은 재빠르게 자국민이 맞을 수 있는 백신을 확보했다. 국가 간 백신 확보가 한창이던 2020년 말, 미국, 캐나다, 영국, 유럽 연합, 호주, 홍콩, 일본 등은 이미 전 국민이 맞고도 남을 만큼의 물량을 확보했다. 우리나라도 총인구 5,170만 명 중 4,400만 명분으로 아슬아슬하게 확보했으나 2021년에 1억 9천 회분, 2022년 9천만 회분의 백신을 추가적으로 확보해 다행히 전 국민이 접종할 만큼의 양을 보유하고 있다. 앞으로 1억 4천 회분의 백신을 더 도입할 예정이다. 그와 반대로 개발 도상국과 가난한 국가들은 사실상 백신을 구하지도 맞지도 못할 위기에 처했다. 제약 회사 화이자는 2020년에 공급 가능하다고 밝힌 13억 5,000만 회분의 백신 중 90퍼센트가 이미 선진국들과의 계약이 완료된 물량이라고 한다.

"백신의 광범위한 접종에 따른 면역이 전 세계적인 공공재다."

"백신과 치료제는 인류를 위한 공공재다."

각각 2020년 11월 22일 G20 정상회의 선언문과 2020년 5월 19일 세계보건총회World Helath Assembly, WHA 문재인 대통령의 연설에서 나온 말이다. 코로나-19 백신을 두고 '백신은 공공재다', '제약 회사는 특허와 지식 재산권을 포기하고 이를 인류와 공유해야 한다'는 의견과, '특허 포기는 제약 업계의 백신 개발 동기를 떨어뜨린다'라는 의견이 첨예하게 대립했다. 백신은 왜 모두의 것이라 말하는 것일까? 그것은 '백신'이라는 약 자체의 특성과 '백신의 개발 과정'에 있다. 이를 이해하기 위해서는 백신의 역사를 알아야 한다.

: 천하의 나폴레옹도 환대한 영국 의사

프랑스 황제 나폴레옹 보나파르트Napoleon Bonaparte는 한창 영국과 전쟁 중이었다. 그의 프랑스 황제 즉위에 정당성을 둘러싸고 나폴레옹 전쟁이 벌어졌다. 전쟁 당시 영국과 프랑스는 그들의 조상들이 그래왔듯이 철천지원수 앙숙 관계였다. 전쟁 당시 많은 영국인 포로가 프랑스에 잡혀 있었다. 전쟁 포로에 엄격한 군인 출신 황제 나폴레옹이 영국인 포로들을 어떻게 대했는지는 안 봐도 뻔하다. 영국의 수많은 포로 협상 제안에도 그는 단호했다.

"영국과는 그 어떤 협상도 하지 않는다."

바로 그때 영국 의사 1명이 겁도 없이 프랑스로 건너갔다. 그는 프랑스의 위대한 정복자 앞에서 이렇게 말했다.

"나폴레옹 황제, 내 친구 윌리엄 윌리엄스William Williams와 존 위컴John Wickham 박사의 석방을 원합니다. 그들이 영국으로 돌아올 수 있게 도와주시오!"

나폴레옹이 뭐라고 했을까? 놀랍게도 그는 이렇게 말했다.

"아! 우리는 당신에게 어떠한 거절도 할 수가 없습니다."

의사는 나폴레옹의 환대를 받았다. 그를 위한 환영

에드워드 제너

회와 만찬이 열렸다. 프랑스의 모든 귀족이 영국인 의사를 만나러 궁전으로 모여들었다. 많은 이들의 찬사를 받으며 의사는 나폴레옹에게 명예 훈장까지 받은 후 친구들과 함께 영국으로 돌아갔다. 천하의 나폴레옹도 존경하게 만든 이 의사는 '백신의 아버지'라 불리는 영국 의사 에드워드 제너Edward Jenner다.

제너는 이른바 '스타 과학자'였다. 그가 유럽의 스타 과학자로 발돋움할 수 있었던 이유는 세계 최초로 백신을 개발했기 때문이다. 그가 만든 인류 최초의 백신은 바로 천연두Smallpox 백신이다. 온몸을 덮은 우둘투둘한 자국들과 흘러내리는 진물. 천연두는 그 증상만큼이나 높은 전파력과 치명률로 많은 이들을 공포에 떨게 한 질병이다. 18세기 유럽에서만 매년 40만 명이 천연두로 사망했다. 천연두에 걸리면 먼저 온몸에 발진과 물집이 생긴다. 그 후 온몸이 붓고 열과 구토를 하다가 사망했고, 설령 살아남는다고 해도 흉측한 자국을 평생 몸에 지닌 채 살아야 했다. 우리나라에서도 천연두가 유행했는데, 사람들은 이를 '호환마마(호랑이가 가져오는 재앙)'라고 불렀다.

오늘날 우리는 천연두라는 이름이 익숙하지 않다. 인류가 멸종시킨 최초이자 유일한 질병이 되었기 때문이다. 인류가 바이러스를 최초로 물리칠 수 있었던 이유는 제너의 백신이라는 무기 덕분이다. 천연두 백신을 처음 발명한 사람은 제너이긴

하지만, 사실 제너 이전에도 민간요법으로 백신과 비슷한 치료법이 있었다. 제너가 활동한 18세기보다 훨씬 전 이미 10세기 중국에서는 천연두를 예방하는 민간요법이 있었다. 천연두 환자의 고름을 가루로 만들어 건강한 사람의 코에 바르는 것이 그 방법이었다. 그러면 면역이 생겨 이후 천연두에 걸리지 않았다.

영국에서도 18세기 초반 영국 귀족이었던 몬테규^{Montagu} 부인이 터키에서 천연두 환자의 고름을 이용하는 방법을 배워서

가스통 멜랭그Gaston Melingue, 〈제너가 백신 접종을 하다Jenner inoculant la vaccine〉

사용했다는 기록이 있다. 이 방법은 사람의 고름을 사용했기 때문에 이를 인두법Variolation이라 불렀다. 그러나 이 인두법은 너무나 위험한 방법이었다. 몸이 약한 사람들은 인두법 때문에 오히려 천연두에 걸려 죽는 경우가 많았다.

그러다가 18세기 중반 의사로 일하던 제너는 특이한 사실을 발견했다. 농촌에서 소젖을 짜는 소녀들이 천연두에 걸리지 않는다는 점을 찾은 것이다. 알고 보니 소녀들은 소들의 젖에 고름이 생기는 우두Cowpox라는 질병을 앓은 적이 있었다. 우두는 천연두와 비슷하지만 증상이 가벼웠다. 제너는 여기서 아이디어를 착안해 자기 집 정원사의 아들에게 우두바이러스를 접종했다. 6주 후 다시 천연두바이러스를 접종하니 아이는 천연두에 걸리지 않았다. '우두바이러스에 노출된 사람은 천연두에 걸리지 않는다'는 그의 생각이 적중한 것이다. 그는 암소에게서 고름을 추출했기에 '암소'라는 라틴어 Vacca에서 이름을 따서 이 우두바이러스를 백신이라고 불렀다.

˞ 바이러스 박멸을 위해 필요한 조건

제너의 백신 발명 이전에도 백신과 비슷한 치료 방법은 존재했지만, 제너가 '백신의 아버지'라고 불리는 데는 이유가 있다. 하나는 사람들이 꺼리던 백신 접종을 널리 전파했고, 실험을 통해 의학적 효과를 공식으로 인정받았다는 데 있다.

"여러분! 제너의 백신을 맞으면 소로 변합니다!"

처음에 사람들은 제너의 백신을 맞으려 하지 않았다. 보수적인 영국 의학계는 '병에 걸리지 않은 사람이 왜 주사를 맞아야 하냐'며 난색을 보였다. 대중들 역시 소에서 나온 물질을 맞는 것은 위험하다고 생각했다. 특히 종교계의 반발이 심했는데, 목사들은 '백신을 맞으면 사람들이 소로 변할 것이니, 이것은 악마의 약이다'라고 생각했다. '코로나-19 백신에 칩이 들어 있어서 사람들을 조종한다'와 같은 오늘날 기독교의 백신 음모설이 과거에도 존재했던 셈이다.

그럼에도 제너는 백신 접종을 전도하는 것을 포기하지 않았다. 자신의 사비를 들이면서까지 사람들에게 백신을 무료로 나눠줬다. 그리고 그 결과를 논문으로 발표했다. 점차 백신의 효과와 긍정적인 임상 결과가 알려지자 마침내 영국학회는 우두법의 효과를 공식 인정했다. 상대적으로 안전한 우두법이 등장한 덕에 그 후로 사람들을 위험에 빠뜨렸던 인두법은 금지됐다. 자칫 민간요법으로 치부돼 사라질 뻔했던 치료법은 제너 덕분에 마침내 세상에 나와 많은 사람을 살리는 데 쓰일 수 있었다.

제너가 칭송받는 또 다른 이유는 특허를 포기했기 때문이다. 영국학회는 그에게 특허 신청을 할 것을 압박했다. 하지만 그는 백신의 작용 기전을 이유로 특허를 고수하지 않았다. 백신은 우리 몸이 특정 바이러스에 대한 면역을 갖게 한다. 엄밀히 말해 질병을 예방하는 것은 우리 몸 즉, 우리 면역계고, 백신은 그것을 막기 위해 넣는 일종의 바이러스 자료일 뿐이다. 우리 몸의 면역계가 일을 제대로 하지 못한다면 백신은 사실상 아무 쓸모가 없다. 제너는 단지 '자연에 존재하던 바이러스 물질'을 사람의 몸에 집어넣었을 뿐, 병을 막은 건 오로지 접종자의 몫이라고 봤다.

특허를 포기한 이유 하나가 더 있다. 최대한 많은 사람이 백신을 맞아야 하는데, 그렇다면 특허가 걸림돌이 될 것이라 생각했다. 요즘 뉴스에서 "백신 접종을 통해 사회 집단 면역이 형성된다"라는 말을 들어봤을 것이다. 여기서 집단 면역이란 '많은 사람이 백신을 맞을수록 나뿐만 아니라 맞지 않은 사람들을 포함한 사회 전체가 바이러스로부터 안전해짐'을 의미한다.

바이러스는 생존하기 위해 숙주 세포에 반드시 감염돼야 한다. 그런데 많은 사람이 바이러스에 대한 면역을 갖는다면 바이러스는 집을 잃고 헤매다가 사멸하게 될 것이다. 그래서 많은 사람이 백신을 맞을수록 바이러스 박멸에 유리해진다. 종합하자면, 바이러스 박멸을 위해서 고려해야 할 조건은 '약의 효과'뿐만 아니라 전 인류가 백신을 맞을 수 있는 '저렴한 가격'이며, 아울러 '백신의 공평한 분배' 역시 필수다. 제너가 아니었다면 지금처럼 많은 사람이 천연두 백신의 혜택을 누리지 못했을 것이다.

그는 유럽뿐만 아니라 미국, 아시아, 아프리카 대륙에서도 인류의 구원자로 알려지게 됐다. 미국 대통령 토머스 제퍼슨Thomas Jefferson도 제너에게 "인류는 당신을 영원히 기억할 것입니다"라는 감사의 편지를 보냈다. 세계보건기구World Health Organization, 이하 WHO는 1980년 5월 8일 천연두 종식을 공식 선언했다. 인류가 바이러스에게 완승한 최초이자 유일한 기록이다. 현재 우리는 '언제 바이러스가 종식될 수 있을까?'라는 질문을 던지고 있으나 아직 그 흔한 독감 바이러스도 매년 나타나는 실정이다. 제너와 천연두 종식은 바이러스 박멸을 위해서 무엇이 필요한지 보여주는 좋은 사례다.

ː 태양에도 특허권을 낼 것인가?

소아마비는 이름 그대로 5세 이하의 소아가 잘 걸리는 질병이었다. 폴리오바이러스Polio Virus가 일으키는 병으로, 이 바이러스는 척수 신경으로 침투해 수족 마비를 일으킨다. 주로 운동 신경을 마비시키는데, 근육이 경직되고 흐물흐물해지거나, 반사 신경이 약해지고 온몸에 힘이 빠지게 된다. 이것이 심해지면 전신이 마비되고, 호흡기까지 마비되면 사망까지 이르게 하는 무서운 질병이다.

미국인들에게도 1950년대에 소아마비는 공포의 대상이었다. 오죽하면 '원자 폭탄 다음으로 무서운 것이 소아마비'라는 말이 있을 정도였을까. 그만큼 많은 아이들이 소아마비에 걸려 평생을 휠체어와 목발에 의지하며 살아가거나 목숨을 잃었다. 가장 유행이 심했던 1952년 한 해에만 5만 8,000건의 소아마비가 보고됐고, 3,145명이 사망하고 2만 1,269명이 불구가 됐다. 미국 대통령 프랭클린 루스벨트Franklin Roosevelt도 소아마비로 인해 휠체어 신세를 졌을 정도로 소아마비는 흔했다.

미국 의학자 조너스 소크Jonas Salk는 러시아에서 이주해온 유대인 가정 출신으로 뉴욕에서 태어났다. 완벽주의 성향이 강했던 그는 공부에서 두각을 나타내며 영재고등학교에 입학하고 집안사람 중 유일하게 대학교에 진학한 수재였다. 처음에는 법학을 전공했지만 곧 의학에 관심을 가지고 전향했다. 경제적으로 풍족하지 않아 비싼 학비를 감당하기 어려웠으나, 다행히도 그의 가능성을 알아본 미시간대학교에서 장학금을 지원해 준 덕에 의대를 졸업할 수 있었다.

그가 처음 관심을 가진 것은 독감을 일으키는 인플루엔자 바이러스였다. 약해진 바이러스를 인체에 집어넣어도 보통 바이러스와 같은 면역력을 가질 수 있다는 점을 발견한 그는 이 결과를 계기로 당시 공포의 대상이었던 소아마비 백신 개발에 도전했다. 소아마비 재단에서 기금을 지원받아 7년 동안 백신 개발에 몰두했고, 이후 여러 종류의 백신 후보를 만들었지만

조너스 소크

문제가 있었다. 바로 임상시험이었다. 새로운 백신이 정말로 효과가 있는지 실험이 필요했다. 여기에는 많은 인력과 자원자, 그리고 자금이 필요했다. 그때 소아마비로 고심하던 미국국립보건원National Institutes of Health, NIH이 소크에게 손을 내밀었고 마

침내 대규모 실험 프로젝트가 시작됐다. 2만여 명의 의사들과 공공보건 관계자들뿐만 아니라 6만 4,000명의 학교 관계자와 180만 명이 넘는 지원자가 백신 접종을 위해 참가했다. 이는 미국 의학 역사상 가장 정교한 임상 시험으로 평가된다.

그렇게 백신 접종 실험 후 1955년 4월 12일, 최초의 효과적인 소아마비 백신이 탄생했다. 사람들은 환호했다. 소크는 인류의 구원자가 됐다. 미국 대통령 드와이트 아이젠하워Dwight Eisenhower는 그를 백악관으로 초청해 '인류의 은인'이라 칭송했다. 전 세계 매스컴이 그를 취재하기 위해 몰려들었다.

"소크 박사님, 그럼 마지막 질문입니다. 백신의 특허권은 누가 가지게 되나요?"

"글쎄요. 아마 사람들이겠죠. 특허 같은 건 없어요. 태양에도 특허를 낼 건가요?"

소크가 인터뷰에서 했던 이 답변은 지금도 의료인의 사회적 책임과 공헌의 사례로 자주 언급된다. 아마 의학 역사상 가장 쿨하고 멋진 말이 아닐까? 전 세계적으로 사용된 소아마비 백신의 특허를 가치로 따지면 자그마치 7조 7,400억 원이다. 한 개인이 7조를 가지고 있다고 상상해보자. 죽을 때까지 다 쓰지도 못할 것이다. 하지만 소크는 특허를 과감히 포기하고 제조법을 무료로 배포했다. 덕분에 백신은 단돈 100원에 판매됐고 전 세계 많은 환자가 소아마비로부터 해방됐다. WHO는 1994년에 서유럽, 2000년에 한국의 소아마비 박멸을 선언했다. 현재 소아마비가 존재하는 국가는 파키스탄, 아프가니스탄 단 두 나라뿐이다.

ː 다시, 백신은 누구의 것인가?

그가 백신의 특허를 포기한 데는 사실 다른 이유가 더 있다. 연구를 진행한 소크와 소아마비 협회는 백신이 개발된 후에 백신의 특허를 가질 수 있는지 없는지 변호인들과 함께 조사했다. 변호사들은 "특허를 가질 수 없을 것이다"라고 결론을 내렸다. 이유는 이러했다. 먼저 백신 개발에 너무나 많은 공적 자금이 투입됐다. 즉, 백신 개발에 개인의 지분이 아닌 정부와 단체의 지분이 많았다.

지금도 약을 개발하기 위해서는 수많은 연구 자료와 실험이 필요하다. 이런 대규모 실험과 연구는 아무래도 한 개인이나 회사가 진행하기에 무리가 따르기도 하거니와, 개발의 성공으로 얻는 사회적·공적 이득이 크기 때문에 개발 과정에서 정부의 공적 자금이 많이 들어갈 수밖에 없다. 연구가 진행되는 장소도 신약 개발의 경우 대학 병원이나 정부 연구소 기관과 협력해서 진행되는 경우가 많다. 소아마비 백신 개발 사례도 이와 마찬가지였다. 특히 소아마비 백신이 발표된 한 해 동안만 8,000만 명이 백신 연구를 주도한 소아마비 재단에 자발적으로 기부했다. 기부금을 받은 미국 소아마비 재단은 백신이 출시되기까지 13년 동안 자금 규모가 300만 달러에서 5,000만 달러로 늘었다.

백신 탄생의 배경 자금은 대부분 기부금과 국민의 세금이었다. 이는 코로나-19 백신도 마찬가지다. 코로나-19 백신을 만드는 제약 회사 모더나의 경우 미국 보건복지부United States Department of Health and Human Services, HHS로부터 1조 1,000억 원 이상 연구비를 지원받았다고 알려져 있다. 정부와 국가의 개발 자금을 연구 기금 대부분으로 사용하며, 제약 회사가 기존에 나와 있는 기술과 노하우를 이용하는 예도 많다. 화이자는 메신저리보핵산messenger RNA, mRNA이라는 신기술을 이용한 백신을 만들었는데, 원 기술은 NIH에서 처음 설계하고 펜실베이니아대학교에서 개발한 기술이다.

그러나 과거와 달리 지금은 국가의 예산이 들어간 신약과 백신을 제약 회사의 사적인 지식 재산으로 보는 경우가 대부분이다. 이는 미국의 베이돌법Bayh-Dole 영향이 크다. 1980년대에 생긴 이 법은 국민의 세금과 공적 자금이 들어간 연구 성과와 특허를 제약 회사가 사적 소유화해 이득을 볼 수 있게 만들었다. 그 이후 제약 회사는 공공의 연구 결과들을 이용해 신약의 특허를 낼 수 있었고, 이는 백신도 마찬가지였다. 특허는 곧 돈이 되기 때문이다. 이 법이 시행된 이후 20년간 백신에만 약 1만 개의 특허가 얼기설기 복잡하게 얽혀 있다. 하나의 백신을 연구만 해도 모자랄 판에 여기저기 얽혀 있는 지식 재산권 문제도 풀어야 할 처지가 됐다.

백신은 숨겨둔 노다지다. 예방을 위해 맞아야 하는 잠재적인 접종자가 매우 많기 때문에 개발 성공으로 얻는 이득 역시 크다. 최근 코로나-19 백신을 통해 '백신을 특정 기업만의 지식 재산권으로 봐야 하는가'에 대한 문제가 수면 위로 떠오르고 있다. 이에 WHO는 제약 회사들의 백신 기술과 노하우, 실험 정보를 공유하고 특허를 공동으로 관리하는 기술 공유 플랫폼인 C-TAP COVID-19 Technology Access Pool을 출범했다. 하지만 지금까지 이 플랫폼에 참여한 제약 회사는 없다. 자회사의 특허를 포기할 회사가 어디 있겠는가. 만약 코로나-19 발생 때 각국의 제약 회사가 특허를 포기하고 연구 결과를 공유했다면 어떻게 됐을까? 집단 지성의 힘으로 백신 개발의 시기를 훨씬 앞당길 수 있었을까, 아니면 제약 회사의 개발 의지 상실로 더 늦게 개발됐을까?

현재 코로나-19 백신 접종이 이뤄지고는 있으나 바이러스와 맞서 싸우고 있는 인류의 전망은 그리 밝지 않다. 많은 전문가가 코로나-19 같은 대규모 바이러스 전염병이 앞으로는 3~4년 주기로 발생할 것이라고 보고 있다. 역사적으로 전염병이 창궐했다가 사그라지는 시기에는 공통점이 있다. '숙주인 인간이 대규모로 죽었다'는 것이다. 어쩌면 이번 코로나-19 역시 과거 많은 전염병이 그러했듯 수많은 사상자를 낳은 후에야 사라질지도 모른다.

어떤 사람들은 21세기의 코로나-19를 보며 인류의 종말을 예견했다. 지금 우리가 할 수 있는 것은 무엇일까? 인류가 바이러스로 멸망하는 위기가 눈앞에 닥친다면 백신의 특허나 지식 재산권을 넘어선 더 큰 연대가 필요할지도 모른다. '태양의 특허'를 두고 서로 싸우기에는 바이러스란 적을 상대할 시간도 부족할 테니 말이다.

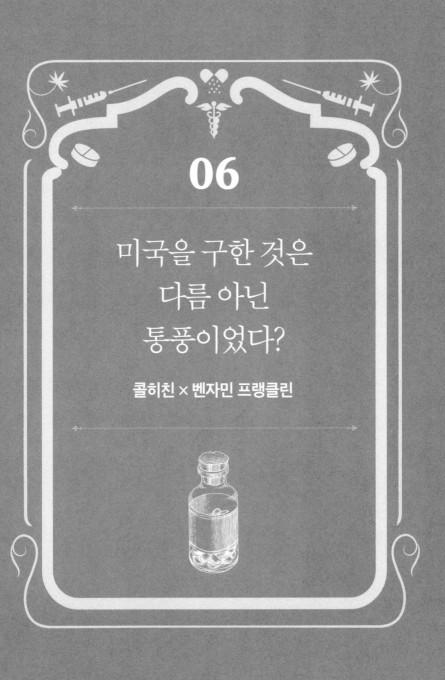

06

미국을 구한 것은
다름 아닌
통풍이었다?

콜히친 × 벤자민 프랭클린

한스 홀바인^{Hans Holbein}의 〈헨리 8세의 초상화^{Portrait of Henry VIII}〉을 보면 헨리 8세^{Henry VIII}의 거대한 풍채가 한눈에 들어온다. 그는 영국의 역대 왕 중에서도 뚱뚱한 왕으로 유명하다. 180센티미터가 넘는 큰 키에, 몸무게가 무려 145킬로그램으로 상당한 거구였다. 그러나 그의 이전 초상화인 마이네르트 웨윅^{Meynnart Vewicke}의 〈헨리 8세〉를 보면 그가 원래부터 뚱뚱한 인물은 아니었다는 사실을 알 수 있다. 그는 사실 스포츠를 사랑하고 굉장히 활동적인 왕이었다. 물론 많이 먹기는 했지만 먹는 양만큼이나 많은 칼로리를 여러 활동과 운동으로 소비했다. 그러나 44세에 마상 시합에서 부상을 당한 이후로 운동을 할 수 없게 되자 폭풍처럼 살이 불어났다.

헨리 8세는 대식가였다. 하루에 5,000칼로리를 섭취했는데, 보통 성인 1인당 권장 칼로리가 2,500칼로리니 이틀 치 음식을 하루에 다 먹은 셈이다. 그가 가장 좋아하던 음식은 술과 고기였다. 돼지고기, 소고기, 닭고기, 토끼고기 등 그가 먹은 고기 종류들만 13가지나 됐고, 1주일에 마신 술만 33리터에 달했다고 하니 살이 안 찌는 것이 이상할 정도다. 그런데 살이 급격히 찐 이후로 그는 엄지발가락과 관절에 엄청난 통증을 느끼기 시작했다. 통증은 갑자기 폭풍처럼 나타났다가 사라지고는 했지만, 한 번 통증이 올 때마다 차라리 발가락을 자르는 것이 낫겠다 싶을 정도로 고통스러웠다. 그가 앓은 질병은 '통풍'이었다.

한스 홀바인, 〈헨리 8세의 초상화〉

마이네르트 웨윅, 〈헨리 8세〉

사람들은 헨리 8세가 병으로 고통스러워하는 모습을 보면서 통풍을 '왕의 병'이라 부르기 시작했다.

통풍의 역사는 기원전 5000년까지 거슬러 올라간다. 이집트의 유명한 의료 서적인 에베르스 파피루스Ebers Papyrus를 보면 통풍에 대한 기록이 나온다. 통풍은 '바람만 스쳐도 아프다痛風' 라는 뜻으로, 주증상은 엄지발가락과 관절에서 생기는 끔찍한 통증이다. 관절이 갑작스럽게 발열과 염증을 동반해 부어오르고 그 통증이 짧으면 하루에서 길면 몇 주까지 이어진다. 시간이 지날수록 통증이 주기적으로 잠잠해졌다가 나타나는데, 그 빈도가 점점 잦아지고 염증도 빈번하게 일어나서 관절을 손상시킨다.

서양에서는 '왕의 병'과 함께 '병의 왕'이라는 별명으로도 불린다. 이유는 첫째, 왕들과 귀족들이 많이 걸렸기 때문이다. 가난한 서민들과 달리 부유한 귀족들은 식단 대부분이 술과 고기로 이뤄져 있었고, 기본 하루 4,000~5,000칼로리를 섭취했다. 더불어 교양 있는 삶을 빙자한 운동 부족은 통풍을 불러일으키기 딱 맞았다. 둘째는 그만큼 통증이 엄청나게 무시무시하다는 의미를 내포한다. 갑자기 통풍이 일어나면 통증을 완화하는 진통제를 사용하는데, 타 질환과는 달리 저용량의 진통제로 치료를 시작하는 것이 아니라 처음부터 최대 용량으로 시작한다. 그 정도로 통증이 엄청나다는 이야기다. 특히 발가락에 통풍이 자주 생기다 보니 통풍 환자들은 한번 질병이 발병하면 집에서 꼼짝도 못 하고 있어야 했다.

과거에는 왕과 귀족들만 걸리는 질환이었다면 현대 사회에 들어서는 풍족한 서구식 식생활 덕분에 우리나라에서도 그 수가 비약적으로 늘었다. 건강보험심사평가원 조사에 따르면 2012년에 통풍으로 병원에 온 환자가 26만에서 2017년 39만 명으로 꾸준히 증가했다. 수도 늘어났지만 중년 나이에 많이 생기던 통풍이 점차 젊은 나이대에서도 증가했다. 이것에는 어린 나이부터 서양식 식생활에 익숙해진 원인이 크다. 20대 남성 환자는 2012년부터 2017년까지 82퍼센트, 30대 남성 환자는 같은 기간 66퍼센트 증가했다. 그렇다면 통풍 환자는 남성이 많을까, 여성이 많을까? 예상했겠지만 술자리를 자주 가지는 남성 빈도가 압도적으로 높다. 각각 남성이 92퍼센트, 여성이 8퍼센트를 차지한다.

: 영국과 미국의 대립 시작

영국 정치가 윌리엄 피트William Pitt 역시 통풍으로 인한 끔찍한 통증과 보행 장애로 고생을 한 인물 중 하나다. 1700년 중반부터 영국 의회와 정부 요직을 역임한 그는 당시 영국 수상이었던 로버트 월폴Robert Walpole과는 대척점에 선 인물이다. 영국은 자국민을 신대륙, 그러니까 지금의 미국 땅으로 보내고 미국 13개 주를 영국령 식민지로 가지고 있었다. 영국 의회에서는 '식민지 미국에 대한 세금 정책'을 두고 두 정파 사이에서 갈등이 심화되고 있었다.

영국이 식민지인 미국으로부터 거둬들이는 세금은 굉장했다. 우리나라의 9배 정도 크기인 미국으로부터 짭짤한 세금을 거둬들이던 영국 의회는 "식민지 미국 내에서 자국에 유리한 법안을 만들어야 한다"는 강경파와 "미국의 과도한 세금 부담은 안 된다"는 온건파로 나뉘었고, 피트는 후자에 속했다. 그는 '과도한 세금 부담은 식민지 미국이 영국으로부터 독립을 하게 만드는 단초가 될 것'으로 생각했다. 그래서 과도한 세금 정책에 반대하며 이렇게 말했다.

"미국은 영국의 아들이지, 후레자식이 아니다."

하지만 사건이 터졌다. 시작은 피트의 오랜 지병이던 통풍의 재발이었다. 끔찍한 통증 때문에 피트는 한동안 의회에 출석하지 못했다. 그러자 수상을 포함한 강경파 의원들이 그가 없는 사이 미국에 세금을 매기는 법안을 통과시켜버렸다. 이 법안이 바로 1765년 영국이 제정한 인지세 Stamp Act 도입이었다. 인지세는 쉽게 말해 미국 내의 모든 공문서와 서적에 영국이 발행한 스탬프를 사용해야 한다는 법안이었다. 미국인들은 즉각 인지세에 반대했다.

"대표 없는 곳에 세금은 없다!"

통풍이 어느 정도 회복된 피트가 의회로 돌아왔을 때는 이미 일이 벌어져 있었다. 식민지 미국에서는 영국 정부를 반대하는 격렬한 항의 시위가 일어났다. 피트의 거센 반대로 인지세는 폐지됐으나 이 일은 영국 의회와 식민지 미국 간 갈등의 씨앗이 됐다. 영국 의회로서는 자신들의 법을 식민지인 미국이 따르지 않은 것이 됐고, 미국으로선 영국을 위해 먼 대륙으로 갔는데 세금으로 뒤통수를 맞았다는 앙심이 생겼다. 이 갈등은 점점 더 커지고 커졌다. 1770년 영국 군인들이 세금에 불만을 품은 미국인들을 학살한 '보스턴 학살 사건'과 1773년 미국인들이 세금에 불만을 품고 16억 원치의 차를 바다에 버린 '보스턴 차 사건'이 연이어 일어났다. 결국 1776년 미국 13개 주는 대륙 의회를 개최했다.

"미국은 자유롭고 독립된 주가 돼야 할 권리가 있다."

그 자리에서 미국은 영국으로부터 독립하겠다는 의지를 밝히고 조지 워싱턴 George Washington 을 총사령관으로 임명했다. 독립 전쟁의 서막이 열렸다. 전쟁 준비와 함께 필요한 것이 있었다. 바로 '독립선언문'이었다.

: 통풍에 발목 잡힌 미 건국의 아버지

독립선언문은 미국 독립에 중요한 열쇠다. 영국의 식민지에서 하나의 국가로 인정받기 위해 전 세계 국가로부터 지지가 필요했고, 독립선언문은 '미국의 독립을 정당화하는 상징적인 문서'였다. 이 선언문을 작성하기 위해 5명의 대표가 모였다. 후에 미국 대통령 자리에 오르는 토마스 재퍼슨Thomas Jefferson과 존 아담스John Adams, 미 건국의 아버지라 불리는 로저 셔먼Roger Sherman, 로버트 리빙스턴Robert Livingston, 그리고 벤자민 프랭클린Benjamin Franklin이었다.

프랭클린은 근면과 성실함의 상징이자, 미국에서 인쇄업자를 시작으로 외교관, 과학자, 발명가, 언론인, 정치인에서 미 건국의 아버지의 자리까지 오른 인물이다. 지금도 미국 100달러 지폐를 보면 그의 얼굴이 그려져 있다. 대통령이 아님에도 불구하고 10달러의 알렉산더 해밀턴Alexander Hamilton과 함께 달러화 도안 인물이 될 정도로 미국인들에게 중요한 인물이다. 그는 자신이 남긴 수많은 명언대로 절제되고 근면한 삶을 살았다. 어렸을 때는 한동안 채식주의자로 육식을 금했고, 독서를 생활화했으며, 매일 운동을 열심히 했다고 알려져 있다. 이것이 우리가 아는 프랭클린의 모습이다. 하지만 그도 점점 속세의 편안함을 만끽하고 싶었던 것일까? 많이 먹은 탓에 100달러 지폐 속 모습처럼 얼굴에 살이 붙기 시작했다. 술을 특히 많이 마셨는데, 오죽했으면 그가 "하느님이 인간의 팔에 관절을 만든 이유는 술잔을 입으로 가져가기 쉽게 하기 위함이 틀림없다"라고 말했을 정도다. 나태한 삶을 즐긴 벌이었을까? 그는 중년이 돼서 통풍에 걸렸다. 발가락에 통풍으로 인한 통증이 찾아오면 고통에 움직이기조차 힘들었다.

벤자민 프랭클린

그가 독립선언문 작성이라는 엄중한 임무를 가지고 있을 때도 통풍은 그의 곁을 떠나지 않았다. 통풍이 너무 심한 날에는 독립선언문을 작성하는 회의에 참석하기도 어려웠다. 하지만 다행히도 재퍼슨이 집에서 나올 수 없는 그를 위해 독립선언문 초고를 우편으로 보내줬다. 프랭클린은 제퍼슨의 독립선언문 초고를 보고 미국 자유 이념을 최대한 반영해 수정했고, 마침내 선언문을 완성할 수 있었다. 민주주의와 자유를 위한 철학적이고 심오한 선언과 영국의 부당한 억압과 정책들에 대한 논리적 규탄, 마지막으로 독립에 대한 엄숙한 지지를 다짐하는 훌륭한 선언문이었다. 오늘날 미국을 만든 국가의 건국 이념과 지향점을 모두 담고 있는 위대한 보물 중 하나다.

독립선언문은 1776년 6월 28일 미국 식민지 대표들이 모인 대륙 의회에 제출됐다. 그래도 선언문 채택을 위한 공식 선언에는 참석해야 하지 않겠는가? 7월 4일 미국 13주의 대표들이 독립선언문을 공식적으로 채택하는 자리에 모였다. 프랭클린 역시 저 멀리서 등장해 연단에 올랐지만 통풍 때문에 계단을 오를 수가 없었다. 결국 걷지 못하고 인부들이 드는 마차에 실려서 연단에 겨우 올랐다. 미 건국의 역사적인 순간에 체면을 구긴 그는 진심을 담아 훗날 이렇게 말한다.

"포도주, 식사, 여자, 졸음을 절제하십시오. 아니면 통풍이 당신을 사로잡고 괴롭힐 것입니다."

영국과의 전쟁을 선포한 미국에 가장 중요한 것은 전쟁을 위한 재원 확보였다. 1776년 프랭클린은 비밀 외교 임무를 가지고 프랑스로 파견됐다. 그의 목표는 영국과 앙숙이었던 프랑스로부터 전쟁에 필요한 물자와 자원을 지원받고 아울러 미국 독립의 지지를 얻는 것이었다. 하지만 문제가 있었다. 역시나 그의 통풍이 말썽을 부렸다. 외교는 본디 여러 곳을 드나들며 인맥을 쌓고 활동해야 하는데 발이 아프니 꼼짝할 수가 없었다. 미국이 성공적으로 독립하기 위해서는 프랑스의 도움이 절실히 필요했다. 미국 땅의 절반은 프랑스령이었고 영국을 견제하는 프랑스였기에 미국 독립에서 빠질 수 없는 핵심 역할이었다. 프랭클린이 프랑스로 파견된 이유도 이 때문이었다.

프랑스로 넘어간 프랭클린에게 가장 많은 도움을 준 인물은 샤를 그라비에Charles Gravier라는 프랑스 귀족이었다. 그는 프

존 트럼불John Trumbull, 〈독립선언The Declaration of Independence〉

랑스에서 미국 독립이 정당성을 가지도록 인맥을 활용해 여러 귀족을 프랭클린과 연결해주며 여론을 만들어줬다. 그가 프랭클린에게 호의적이었던 것은 단순히 정치적 협력 관계 때문만은 아니었다. 그라비에 역시 끔찍한 통풍을 앓고 있었다. 독립선언문을 썼던 재퍼슨, 프랭클린, 그리고 그라비에 모두 통풍으로 고생하는 통풍 환우회였다. 이들은 만날 때마다 이 끔찍한 병의 고통을 한탄하면서 이야기를 시작했다. 내가 앓던 병을 다른 사람도 앓고 있으면 서로 간에 묘한 동질감도 생기고 강한 유대감이 들기 마련이다. 이들 역시 같은 질병과 고통을 공유하면서 정치적 파트너 그 이상의 관계가 됐다. 프랭클린이 통풍을 앓으면서 유일하게 얻은 이점이 아니었을까?

⚇ 프랑스에서 찾은 기적의 약

프랭클린이 프랑스에서 얻은 행운은 또 하나 있었다. 바로 초원사프란Meadow Saffron이라고 불리는 사프란의 한 종류로 만든 약이었다. 사프란을 섬유유연제 이름으로 알고 있는 사람이 많겠지만 사실 백합과에 속하는 식물 중 하나다. 이 식물의 정식 명칭은 콜치쿰Colchicum으로 땅속에 열매를 맺는 알뿌리 식물이다. 지중해 연안이 원산지이며 3~4월에 예쁜 보라색 꽃을 피운다. 콜치쿰은 '야생화의 팜므파탈'이라고 불릴 정도로 아름다운 꽃과는 달리 치명적인 독을 지니고 있다.

알뿌리와 씨에 콜히친Colchicine이라는 알칼로이드 성분이 들어 있는데, 과량 복용하면 피부 감각 마비나 호흡 곤란을 일으킨다. 하지만 적은 양을 사용하면 통증 완화에 효과적이다. 특히 통풍으로 인한 관절 통증과 염증에 기가 막히게 효과가 좋았다. 이미 서기 70년대에 약학의 아버지라 불리는 페다니우스 디오스코리데스Pedanius Dioscorides도 사프란의 씨를 통풍에 처방했다는 기록이 있다. 1820년이 돼서야 프랑스 화학자 피에르 조셉 펠레티에Pierre Joseph Pelletier가 사프란의 씨에서 순수한 콜히친 성분을 분리해냈는데, 그 이전에도 프랑스에서는 오랫동안 콜치쿰의 추출물을 통풍 약으로 사용해왔다.

프랭클린은 이 콜히친을 먹자 통증이 사라지는 신세계를 경험했다. 자신을 그토록 괴롭히던 통풍의 고통이 씻은 듯이 사라지니 그에게는 그야말로 '기적의 약'이었을 것이다. 이 기적의 약을 극찬하며 미국인 친구에게까지 소개했다. 덕분에 외교 임무에도 전념할 수 있었다. 뛰어난 언변술을 가졌던 프랭클린은 통풍이 낫자마자 사교계에서 물 만난 고기처럼 날아다녔고, 각국의 귀족들은 매력적인 그를 '멋진 아빠'라는 뜻의 '몽

쉘 파파'라 불렀다. 프랭클린은 미국 독립의 지지를 받아냈을 뿐만 아니라 영국을 견제하는 다른 유럽 국가들의 지원까지 얻었다. 프랑스는 미국 독립 전쟁에 군사를 지원했고, 스페인과 네덜란드는 물자 지원을 해줬다. 이는 미국이 영국으로부터 독립할 수 있는 주요 동력이 됐다. 콜히친은 결과적으로 2가지 왕으로부터 프랭클린을 구했다. 하나는 '병의 왕'으로부터, 또 하나는 '영국의 왕'으로부터. 프랭클린의 구원자가 됐던 이 식물이 또 다른 질병으로부터 우리를 구원해줄지도 모를 일이다.

지금도 콜히친은 통풍 약으로 사용되고 있다. 다만 독성이 있는 약이기 때문에 통풍이 생겼다고 무조건 먹는 약은 아니다. 갑자기 통풍 통증이 발생하는 증상을 '급성 통풍 발작'이라고 하는데, 이때 우리가 알고 있는 소염 진통제를 처방한다. 하지만 환자가 소염 진통제에 효과가 없거나 진통제를 먹을 수 없다면 선택적으로 콜히친을 사용한다. 충분한 양을 쓰면 24시간 내로 통증이 잡힐 정도로 효과가 좋다. 현재 통풍 치료제에는 크게 2가지 종류의 약이 쓰인다. 급성 통풍 발작으로 인한 통증 및 염증을 완화해주는 약과 통풍의 원인인 높은 혈중 요소 농도를 낮춰주는 약을 사용한다. 콜히친은 전자에 속하는 약이다.

약물 치료를 하면서 병행해야 하는 중요한 일은 '식이요법'

이다. 통풍에 걸리는 이유는 혈액 내 요산이 많은 고요산 혈증 때문이다. 우리가 먹는 단백질이 풍부한 고기류, 생선, 맥주 등에는 퓨린Purine이라는 성분이 많이 들어 있다. 퓨린은 우리 몸의 DNA를 구성하는 주요 물질로, 우리 몸에서 대사돼서 요산Uric Acid이라는 성분으로 분해돼 빠져나간다.

이 요산이 제대로 빠져나가지 않거나 너무 많은 양이 생성되면 혈액 내에 쌓이게 된다. 우리 몸 중에서 특히 관절 쪽에 주로 축적되는데 엄지발가락에서 그 증상이 많이 발생한다. 요산은 딱딱한 결정 형태로 축적이 되는데 그 결정의 모양이 매우 뾰족한 돌덩이 같아서 끔찍한 통증을 일으킨다. 뼈와 뼈 사이에 별사탕 크기의 돌이 들어 있다고 생각하면 된다. 따라서 통풍을 낫게 하려면 요산이 많이 생성되는 원인 물질인 퓨린을 적게 먹어야 한다. 또한 붉은 육류나 생선, 홉이 들어가는 맥주나 와인류를 절제하고 물을 많이 마셔야 한다.

생뚱맞게 들릴지도 모르겠지만 콜히친이 쓰이는 다른 영역이 있다. 바로 '씨 없는 수박'을 만들 때다. 콜히친은 세포가 증식할 때 필요한 유전자의 분열을 막는 작용을 한다. 그래서 씨는 없고 알만 커지는 씨 없는 수박을 만드는 데 유용하다. 통풍에서 콜히친은 한때 독보적인 약이었지만 지금은 진통제와 다른 약들에 자리를 많이 양보했다. 그럼에도 의학계에서는 이 콜히친의 새로운 가능성을 탐구하고 있다. 최근에는 콜히친이 각종 심장 질환을 차단하는 효과가 있다는 연구 결과가 호주와 네덜란드 연구팀에 의해 밝혀지기도 했다. 또 콜히친의 염증 억제 효과가 워낙 탁월하다 보니 미국과 일본은 코로나-19로 인한 중증 염증성 질환 치료제로도 사용할 수 있지 않을까 기대하며 콜히친을 이용한 임상 시험에 들어갔다.

∶ 나태와 태만이 빚어낸 결과

프랭클린이 쓴 문학 작품 중에는 《프랭클린과 통풍의 대화 Dialogue Between Franklin and the Gout》라는 다소 엉뚱한 작품이 있다. 통풍을 의인화한 통풍 부인이라는 존재가 프랭클린을 찾아와서 그와 대화하는 내용으로 이뤄져 있다. 통풍 부인은 프랭클린을 찾아와 꾸짖는다. 그가 평소 음주와 과식을 일삼고 운동을 게을리했기 때문이다. 프랭클린은 앞으로 운동하고 절주하고 과식하지 않겠다며 통풍 부인에게 약속하지만, 부인은 그런 프랭클린이 영 미덥지 않은 눈치다.

프랭클린 사후에 통풍의 원인과 기전이 밝혀졌지만 이미 과거 사람들은 통풍의 원인에 '운동 부족'과 '과도한 육류와 음주'가 있다는 사실을 알고 있었다. 그래서 통풍은 '나태와 태만에 의한 벌'로 인식됐다. 프랭클린 역시 그렇게 생각했었기에 이런 작품을 썼으리라. 오늘날에도 통풍 환자가 늘어나고 있는 원인은 프랭클린 시대와 크게 다르지 않다. 육류 위주의 과한 식사, 잦은 음주, 운동 부족은 결국 어떤 식으로든 문제를 불러일으킨다.

통풍의 통증이 어마어마해서 다른 병의 통증은 새 발의 피 정도로 느껴졌기에 당시 의사들은 통풍이 다른 심각한 질환을 막아주는 병이라고 여겼다. 프랭클린도 자신이 통풍에 걸려서 다른 질병에 걸리지 않는 것이라고 안심했다. 그럼에도 통풍은 중년의 프랭클린에게 많은 생각을 하게 만들었다. 어릴 적 절제하고 인고하는 삶을 살았던 그가 말년에 들어 통풍에 걸렸다는 사실은 그의 나태함을 스스로 반성하게 되는 계기가 됐을 것이다. 그래서일까? 그의 자서전에는 근면·성실·절제가 끊임없이 강조된다. 우리가 알고 있는 '자기계발의 신'은 어쩌면 통풍 부인의 따끔한 충고로 탄생한 인물이 아닐까?

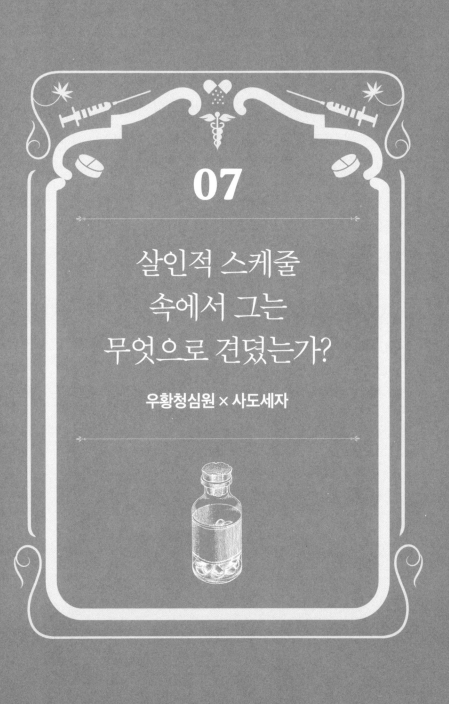

07

살인적 스케줄 속에서 그는 무엇으로 견뎠는가?

우황청심원 × 사도세자

"전하, 아니 되옵니다. 통촉해주시옵소서."

빨간 옷을 입은 신하들이 우르르 나와 임금 앞에서 절을 하며 외친다. 그러자 이번엔 반대편에서 파란 옷을 입은 신하들이 단체로 외친다.

"아니 되옵니다, 전하. 어찌 그럴 수 있겠사옵니까! 통촉해주시옵소서."

한 치의 양보도 없는 두 무리의 신하들. 하루도 빠짐없이 이어지는 논쟁. 그 사이에서 결단을 내려야 하는 임금은 머리가 아파온다.

조선 임금들의 평균 수명은 얼마나 될까? 왕궁에서 좋은 음식을 먹고, 손에 흙도 묻히지 않고 편하게 살았으니 반역이 일어나지 않는 이상 장수하는 것이 마땅하지 않을까? 놀랍게도 조선 임금들의 평균 수명은 겨우 46세다. 당시 거지의 수명이 40세 정도였다고 하니 임금이 거지보다 조금 더 산 셈이다. 임금의 단명 원인은 여러 가지가 있겠지만, 가장 큰 원인 중 하나는 스트레스다.

많은 임금이 당파 간의 끝없는 싸움 속에서 갈등하며 왕을 시기하는 무리의 위협에 시달렸다. 과중한 업무 부담과 짧은 수면 시간, 만성적인 운동 부족 역시 스트레스를 주는 요인이었다. '스트레스는 만병의 근원'이라 하지 않던가? 이런 요인들이 쌓이고 쌓여 합병증으로 많은 왕들이 이른 나이에 목숨을 잃었다. 33세에 왕이 돼 4년 만에 사망한 경종은 정쟁으로 인해 스트레스를 많이 받아 화병으로 사망했고, 41세에 사망한 현종 역시 남인과 서인의 당쟁으로 인한 스트레스 때문에 여러 가지 합병증에 고생하다 사망했다.

인간의 몸은 스트레스를 받으면 기본적으로 이를 제어하는 능력을 가지고 있다. 그렇지만 스트레스를 너무 자주, 그리고 과도하게 받으면 몸이 회복하지 못하고 서서히 망가지게 된다. 뇌에 영향을 끼쳐 두통이 생기거나, 불면증이 생겨 잠을 설치기도 한다. 피부가 나빠져 한순간에 사람이 10년은 늙어 보이게도 한다. 면역이 약해져 각종 질병에 노출되고, 심혈관계가 약해져서 아침 드라마 회장님처럼 뒷목을 잡고 쓰러지기도 한다. 살이 쉽게 쪄서 비만이 되고, 당뇨병 전단계 수준만큼 혈당이 오른다. 인체 기관에 염증이 잘 생기고, 위장관 운동에 영향을 받아 스트레스성 위장염을 앓기도 한다.

우리나라는 과도한 업무와 스트레스로 인한 사망을 산업재해로 인정한다. 그만큼 스트레스와 죽음은 밀접한 관계가 있다. 하지만 과거 임금은 왕으로 해야 할 도리와 의무를 다하기 위해 온몸으로 그 부담과 스트레스를 감당해내야만 했다.

: 쌓여가는 사도세자의 스트레스

사도세자

옛날 조선 시대에도 학업 스트레스는 존재했다. 그 대상은 주로 어린 왕세자들이었다. 대표적인 인물이 사도세자다. 사도세자의 본명은 이선이며, 우리에게는 '뒤주에 갇혀서 죽은 왕세자'로 잘 알려져 있다. 얼마나 미웠으면 뒤주에 가둬서 죽였을까?

사실 아버지 영조는 사도세자에게 큰 기대를 품고 있었다. 맏아들인 효장세자가 죽고 나서 왕위를 이을 왕자가 없었고, 6명의 자식을 낳았지만 모두 다 딸이었다. 왕위로 고심하던 그에게 후궁인 영빈 이씨가 낳은 사도세자는 한 줄기 희망이었다. 사도세자는 어려서부터 영특했다. 2세 때부터 글을 깨우쳤을 만큼 영재였다. 어느 날 영조가 사도세자에게 '사치할 치(侈)'를 물어보자 사도세자는 구슬 장식으로 된 자신의 모자를 벗어 던졌다고 한다. 그때 영조는 그에게서 왕으로서의 자질을 보고 크게 기뻐했다.

영조는 기대가 너무 큰 나머지 사도세자에게 일명 스파르타식 교육을 행했다. 영조의 엄격한 교육관에는 이유가 있었다. 그가 왕이 된 과정이 참으로 다사다난했기 때문이다. 정비가 아닌 무수리의 아들로 태어난 영조는 왕이 된 이후에도 주변으로부터 많은 위협을 받았고, 자신의 왕으로서의 자격과 적법성에 불만을 품은 신하들과도 끊임없이 갈등을 겪었다. 그래서 후궁에게서 태어난 사도세자 역시 자신과 같은 상황을 겪을까 우려했다. 이를 해결하려면 사도세자의 공부를 엄격히 시키는 것 외에는 방법이 없었다. 영조는 자기 수양으로는 타인의 추종을 불허한 인물이었다. 종일 업무와 공부에 매진해 신하들에게 일체의 빈틈도 보이지 않았다. 앉아서 공부하다 신하가 방석을 가져오면 "몸이 편하면 마음이 약해진다"며 방석을 집어 던졌다고 한다. 그렇기에 자신이 하는 만큼의 엄격한 수양과 가혹한 공부를 사도세자에게도 강요했다.

사도세자를 책봉하고 나서 영조가 가장 먼저 한 일은 저 멀리 저승전이라는 곳에 거처를 따로 만드는 일이었다. 어머니와의 유대 형성이 중요한 유년기에 사도세자는 일주일에 2번밖에 어머니를 만나지 못했다. 요즘 말로 기숙학원에 들어간 것이다. 사도세자의 일과는 이러했다. 새벽 5시에 일어나 임금에게 문안 인사로 하루를 시작한다. 후에는 영조가 그를 위해 세운 전용 교습소인 시강원과 강학청에서 하루 45분씩 서연書筵이라는 수업을 받았다. 거기에 당대 최고의 삼정승인 영의정, 좌의정, 우의정이 맡아서 개인 교습을 했다.

그 밖에 20명의 과외 교사가 있었고, 학습 도우미 29명에 개인 사서도 13명이나 있었다. 이들 각자가 교대로 근무하면서 사도세자를 교육했다. 거의 24시간 붙어서 교육을 한 셈이다. 밤에는 야간 보충 학습까지 했다. 회강會講이라는 중간고사와 같은 정기 평가 시험이 한 달에 2번 있었고, 배운 내용을 완벽히 외워야 다음 진도를 나갈 수 있었다. 우리나라 고3도 버거워할 이 과정을 사도세자는 몇 세 때 소화했을까? 고작 5세 아이가 이 살인적인 스케줄을 소화했다. 총명했던 사도세자는 점차 부담감과 압박감을 느끼고 공부와 거리를 두기 시작했다.

8세가 되자 사도세자는 완전히 다른 사람이 돼 있었다. 학문보다 무술과 그림 그리기 같은 예체능에 관심을 가졌다. 교과서보다는 만화책이나 잡서를 더 좋아했고 식성이 좋아져서 살도 많이 쪘다. 《승정원일기承政院日記》를 보면 영조가 사도세자에 대해 "세자의 배를 좀 보라. 나는 그때 이렇지 않았다"라고 기록했을 정도다.

영조는 어떻게 하면 사도세자가 정치에 관심을 가질까 고민하다가 그에게 대리청정을 시켰다. 이는 왕의 참관하에 왕의 업무를 대신 보게 하는 일이다. 그러나 사도세자의 행동이 마음에 들 리 없었던 영조는 사사건건 사도세자에게 잔소리했다. 말을 들을 생각이 없었던 사도세자는 그 말이 그저 스트레스만 되는 잔소리에 지나지 않았다. 《조선왕조실록朝鮮王朝實錄》을 보면 "세자가 대리청정을 시작한 후부터 병이 생겨 본성을 잃었고, 임금이 매번 엄히 꾸짖으니 걱정스럽고 두려워 병이 더했다"라는 기록이 있다. 그때부터 사도세자는 사람을 두려워하고, 폭력적으로 변했으며, 사람을 죽이는 기행을 벌였다. 영조가 준 학업 스트레스가 가장 큰 원인이었다. 당시 사도세자가 즐겨 먹었던 약이 바로 우황청심원牛黃淸心元이다.

날로 심해지는 학업 부담감

현대인들만큼 스트레스에 많이 노출된 세대도 드물다. 과거의 임금만큼이나 스트레스를 받으며 산다고 해도 과장이 아니다. 밤을 지새우다가 불면증에 걸려 수면제를 먹거나, 스트레스성 위염으로 속쓰림 치료제를 달고 사는 등 스트레스가 주원인인 병들을 치료하기 위해 노력한다. 목숨을 위협받는 위험에서 벗어난 대신 우리는 직장, 가정, 사회에서 크고 작은 스트레스를 꾸준히 받고 있다. 이런 만성적인 스트레스들은 우리 몸에 쌓이고 쌓여 병을 일으킨다. 어쩌면 끊임없이 생존을 위해 스스로를 채찍질하고 끊임없이 타인과 부대끼며 갈등해야 하는 지금의 인간사는 결국 스트레스와 함께하는 삶일지도 모른다. 현대인이 스트레스를 특히 많이 받는 순간 중 하나는 시험과 면접이 아닐까?

해마다 시험과 면접일이 다가오면 약국에서 우황청심원을 많이들 찾는다. 한방약을 잘 모르는 사람도 '시험이나 면접을 보기 전에 먹는 약'으로 알고 있다. 이 약을 가장 많이 찾는 사람은 단연 수험생과 취준생이다. 여담으로 타짜들이 큰 판을 벌이기 전 포커페이스를 유지하기 위해 마시거나, 범죄자들이 큰 한탕을 치기 전 담대해지기 위해 마시기도 한다. 그러나 우황청심원이 항상 안정제로 쓰이는 것은 아니다. 경증의 정신 혼미라든가, 머리가 어지러운 상황에도 먹는다. 때문에 어르신들의 경우 머리 뒤쪽이 띵하고, 깜짝 놀라서 가슴이 두근거릴 때 많이 찾는 약이기도 하다. 실제로 우황청심원은 뇌졸중, 언어 장애, 정신 혼미, 안면 신경 마비, 고혈압, 정신 불안, 급만성 경풍, 인사 불성에 효능이 있다. 하지만 어디까지나 경증에 사용하는 것일 뿐, 뇌졸중 증상이 심각하다면 바로 응급실로 가야 한다.

최근 우황청심원을 구매하는 젊은 층의 비중이 계속해서 증가하고 있다. 그만큼 학업에 대한 부담과 스트레스가 심해지고 있다는 뜻 아닐까? 아마 전 세계에서 한국인만큼 공부에 대한 스트레스를 많이 받는 학생도 없을 것이다. 누구보다 열정적이고 똑똑하지만 그만큼 공부에 대한 부담도 크다. 그래서 '학업 성취도는 높으나 삶의 만족도는 꼴찌'인 기형적인 결과를 보여준다.

2018년 한국 아동·청소년 삶 만족도를 조사한 결과, 평균 점수가 6.6점으로 경제협력개발기구Organization for Economic Cooperation and Development, 이하 OECD 국가 중 최하위였다. "학교에 가는 것이 즐겁다"라고 응답한 학생의 비율이 초등학생은 85.2퍼센트, 중학생은 77.2퍼센트, 고등학생은 69.3퍼센트로 학년이 높아질수록 낮아졌다. 심각한 점은 아동·청소년의 33.8퍼센트가 "죽고 싶다는 생각을 가끔 하거나 자주 한다"라고 응답했으며, 그 원인으로 학업 문제(37.2퍼센트)가 가장 큰 비중을 차지했다는 점이다. 알다시피 우리나라 10~30대 사망 원인 1위가 자살이다. 해마다 수많은 학생이 학업으로 인한 스트레스로 목숨을 끊는 사실은 정말 부끄러운 일이다.

: 우황청심원과 천왕보심단

우황청심원의 한자를 풀이하면 '심의 열을 식혀주는 우황'이란 뜻이다. 우황牛黃은 소의 담낭과 담관에 생긴 딱딱한 결석을 말한다. 담낭은 간 밑에 붙어 있는 작은 기관으로 쓸개라고도 불리는데, 그곳에서 쓸개즙이 분비된다. 이는 지방을 분해하고 소화하는 역할을 한다. 쓸개즙이 분비되다가 뭉쳐서 돌이 생기는 경우가 있는데 이것이 우황이다.

우황은 한방학적으로 굉장히 차가운 성분의 약이다. 그래서 열을 내리고 마음을 안정시키는 데 사용된다. 소 1마리에서 발견되는 우황의 양이 굉장히 적기 때문에 귀한 재료임은 말할 것도 없다. 조선 임금 숙종이 이 귀한 우황을 얻기 위해 소 수

백 마리를 도살하자 신하들이 도살을 멈춰달라는 상소를 올리는 해프닝이 있기도 했다. 여기에 코뿔소 뿔인 서각, 사향노루의 분비물인 사양, 영양의 뿔인 영양각까지 들어 있어 경옥고瓊玉膏, 공진단拱辰丹과 함께 조선 왕실의 3대 명약으로 꼽힌다.

한방의 기원이 중국에서 건너왔듯이 우황청심원의 원조는 중국 송나라다. 중국 의학 대백과사전인《태평혜민화제국방太平惠民和劑局方》에서 처음 등장하는데, 우황청심원은 원래 3가지 처방이 합쳐서 나온 약이었다. 보약인 대산여원大山蕷圓과 심장에 힘을 주는 자감초탕炙甘草湯, 그리고 가슴의 열을 치료하는 구미청심환九味淸心丸이다. 중국의 우황청심환은 지금의 우황청심원과는 사뭇 다르다. 중국의 우황청심환이 한국으로 넘어오면서 재료와 만드는 방법이 조금씩 바뀌었고《동의보감東醫寶鑑》에 지금의 제조법이 자리 잡았다. 중국이 원조임에도 불구하고 우황청심환은 우리나라 청심환을 최고로 쳐준다. 세종대왕 기록을 보면, "북경 사람들이 사신으로 왔을 때 최고 인기 있는 상품은 우황청심환이다. 우리나라에 사절로 오면 왕공부터 귀

우황

인에 이르기까지 앞다퉈 이를 얻으려 한다"라는 내용이 나오는데, 이는 현재도 마찬가지다.

최근에는 '안정액'이라는 이름의 천왕보심단天王補心丹 역시 불안할 때 마시는 약으로 많이 찾고 있다. 천왕보심단은 중국의 의학자 위역림危亦林이 저술한 《세의득효방世醫得效方》에 등장하는 약이다. 이름을 풀이해보면 '심장을 보하는 약'이다. 심장의 음이 부족하면 양의 기운이 강해져서 열이 난다. 이를 음허내열陰虛內熱이라고 한다. 그러면 심장은 두근거리고 마음이 진정되지 않아 불면증이 생긴다. 이러한 심장의 기와 혈을 보충해주는 약이 천왕보심단이다. 피를 잘 돌게 해주는 생지황과 보약으로 유명한 인삼이 주성분으로 들어가기 때문에 청심환과 비교하면 따뜻한 성분의 약임을 알 수 있다.

약국에서 일하다 보면 "청심원이 좋나요, 보심단이 좋나요?"라는 질문을 많이 받는다. 한방약은 특히 약을 먹는 환자가 어떤지 중요하다. 환자의 체질을 잘 파악해 청심원과 보심단을 잘 구분해줘야 한다. 몸에 열이 많고 살집이 많고 체격이 좋은 경우에는 청심원이, 몸이 냉하거나 허약한 경우에는 보심단이 효과적일 수 있다. 또 보심단의 경우 약성이 낮아서 부작용이 덜하고 장기간 복용이 가능하지만, 청심원의 경우 응급약으로도 쓸 만큼 약성이 강해서 장기간 복용을 권하지 않는다. 몸이 냉한 사람이 먹으면 오히려 몸이 처지거나 집중력을 잃고 무기력해질 수 있기 때문이다. 다시 한번 강조하지만, 한약은 필히 환자의 체질에 맞춰서 먹어야 한다.

⁝ 그렇다면 영조는 어땠을까?

사도세자와 영조 간 갈등의 골은 점차 깊어졌다. 오해가 오해를 부르고 서로를 미워하고 의심하다, 결국 사도세자가 영조를 죽이기 위해 칼을 드는 사태까지 벌어졌다. 명백한 반역죄였다. 영조는 사도세자를 폐위했다. 그리고 사도세자의 아들인 정조를 세자로 책봉하려 했다. 하지만 여기에 문제가 있었다. 사도세자가 반역죄로 죄인이 된다면 그의 아들인 정조 역시 죄인의 아들이 되니 왕이 될 수 없었다. 그래서 영조는 사도세자에게 칼을 던져주며 자결을 명했다. 사도세자가 이를 거부하자 그들의 말싸움은 점점 거칠어졌다.

영조는 큰 뒤주를 가져와 사도세자를 안에 가둬버렸다. 무더운 7월의 여름날, 물 한 모금 밥 한 톨 먹지 못하고 뒤주에 갇혀 있던 사도세자는 약 8일 후 죽었다. 영조는 정조를 세자로 책봉했다. 11세에 아버지의 죽음을 눈앞에서 보고, 마찬가지로 험난한 왕으로 사는 삶을 살아가게 된 정조. 그 역시도 아버지와 같이 우황청심원을 애용했다고 알려져 있다. 가슴에 화가 쌓이는 삶은 사도세자나 정조나 다르지 않았나 보다.

그렇다면 영조도 우황청심원을 자주 먹었을까? 한의학적 지식이 풍부해 본인이 먹는 약도 직접 선택해서 먹을 만큼 깐깐했던 그가 애용했던 약은 바로 경옥고다. 경옥고의 성분으로는 인삼, 복령, 생지황, 꿀이 있는데 주성분인 인삼이 따뜻한 성질을 가진다. 사도세자와 정조와는 달리, 몸이 허하고 냉한 체질이었던 영조는 자신의 체질을 알고 거기에 맞는 약을 먹었다고 볼 수 있다. 조선 왕 중에서 가장 장수한 왕인 그는 조선 왕들의 평균 나이인 43세보다 40세 많은 83세까지 살았다. 전문가들은 그가 자신의 체질에 맞게 약을 먹어서 장수한 것으로 추측한다.

정조의 어머니 혜경궁 홍씨는 자전적 회고록인 《한중록^{閑中錄}》에 사도세자와 영조에 대해 이렇게 썼다.

"아드님을 못 미더워하시더라도 아버님이 갈수록 은애를 주셨더라면."

영조는 장수의 비결인 음양의 조화를 잘 알고 있었던 데 비해 아버지와 임금 사이의 균형과 조화는 알지 못했다. 좀 더 아버지로서 사랑을 줬더라면 이런 비극은 없지 않았을까.

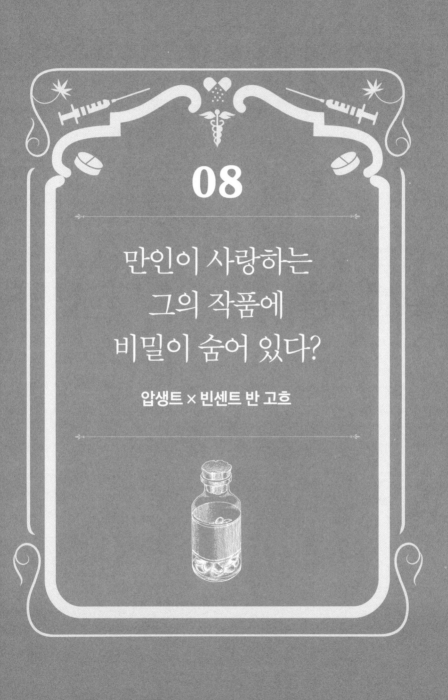

08

만인이 사랑하는
그의 작품에
비밀이 숨어 있다?

압생트 × 빈센트 반 고흐

잉글랜드 국왕 헨리 4세Henry IV의 손에는 오래된 양피지가 들려 있었다. 이름 없는 연금술사에 의해 작성된 이 종이는 오랜 기간 프랑스 근교 카르투시오 수도회의 한 창고에 보관돼 있었다. 유럽의 문화 혁명을 이끌던 르네상스 시기에 우연히 발견된 이 양피지는 영생의 비밀을 알고자 했던 모든 이들에게 답을 줄 것처럼 보였다. 역사적으로 많은 국왕이 그러했듯 불로장생을 꿈꾸던 왕에게 꽤나 흥미로운 내용이었다. 그런데 문제가 있었다. 재료의 이름들이 오래되기도 했고 의미를 알 수 없는 용어들이 가득해서 정확히 어떤 재료를 말하는 것인지 알 수가 없었다. 왕은 비밀리에 그로노블 근교 부아롱 지방의 그랑드 샤르트뢰즈 수도승들을 불렀다.

"그대들에게 부탁할 게 있네. 술을 많이 만들어본 자네들이라면 할 수 있겠지."

중세 르네상스 시대 수도승은 술을 잘 만드는 장인이었다. 엄격한 규율을 지키고 금식을 하는 수도승이 어째서 술을 잘 만들 수 있었을까? 아이러니하게도 그 이유는 그들의 엄격한 규율과 금식 때문이다. 수도승들은 주기적으로 곡기를 끊고 금식을 했는데 건강이 좋을 리 없었다. 그렇다고 규율을 어기고 빵을 먹을 수도 없었다.

'잠깐만, 맥주는 곡식으로 만들지만 씹어 먹지 않고 마시는 음료니 괜찮지 않을까?'

수도승들은 보리와 밀로 만든 맥주를 타협점으로 삼았다. 빵을 만드는 보리가 재료인 맥주를 '물로 된 빵'쯤으로 여겼다. 게다가 열량도 높고 유지와 제조도 쉬웠기에 수도승에게는 안성맞춤이었다. 이러한 까닭으로 수도승들은 종파마다 자신들의 고유한 술 제조법을 발전시켰다. 그중 술 제조에 일가견이 있던 수도원이 그랑드 샤르트뢰즈 수도원이었다. 그래서 왕은 레시피의 비밀을 해독하고 불로장생의 묘약을 만드는 임무를 그랑드 샤르트뢰즈 수도승들에게 맡겼다. 비밀리에 고대 비법 속 재료들을 연구했고, 1737년에 제롬 모벡Gerome Maubec이라는 수도승이 드디어 그 비밀을 밝혀냈다. 그는 술에 수도원의 이름을 붙여 샤르트뢰즈Chartreuse라고 불렀다. 이 술은 그랑드 샤르트뢰즈 수도승들의 박해와 피난을 따라 세상에서 사라졌다 다시 나타나 그 명맥을 이어가고 있다.

중세 판타지를 배경으로 한 게임이나 드라마, 만화를 보면 포션Potion이라는 마법의 물약이 등장한다. 이것은 체력을 회복시켜주거나 정신력을 높여주고, 병을 치료하거나 심지어 죽은 사람을 살려내기도 하는 신비한 물약이다. 실제 포션의 기원이 됐던 약이 앞서 말한 샤르트뢰즈다. 샤르트뢰즈는 허브 리큐어Herb Liquor라고 부르는 술의 한 종류다. 리큐어는 곡물을 발효해 만든 술을 증류한 다음 순도 높고 맑은 알코올에 각종 허브와 향신료, 당분을 첨가한 술을 말한다. 샤르트뢰즈에는 무려 130가지가 넘는 약초가 들어가는데, 약초의 종류와 배합은 수도원에서 단 2명만 알고 있다고 한다. 각종 약초와 허브로 우려냈기 때문에 포션과 달리 빨간색이 아니라 초록빛을 띠며, 허브의 달짝지근하면서도 동시에 화한 매운맛과 톡 쏘는 맛이 특징이다.

: 술이 인체에 끼치는 영향

술은 인류가 가장 오랫동안 사용해온 약 중 하나다. 실제로 그리스 시대 기록을 보면 포도로 만든 와인을 약으로 활용했다고 한다. 술을 마시면 어떤가? 알딸딸해지고 감각이 무뎌지며 잠이 온다. 이런 특징 때문에 술은 오래전부터 최고의 진통제이자 마취제, 수면제로 쓰였다. "술을 마시면 개가 된다"는 말이 있듯, 판단력이 흐려지고 감정적으로 변해 호전성이 증가하거나 겁이 없어져서 전쟁에 나가기 전 많은 부족들이 술을 마셨다. 그리고 평소에는 하지 않는 기괴한 행동과 자유분방한 사고 때문에 제사나 굿을 할 때 최면 환각제로 쓰거나, 열이 나거나 힘이 없을 때 마시는 자양강장제 역할을 하거나, 상처를 소독하는 소독제로도 사용했다.

술을 가열한 뒤 그 증기를 액체로 다시 만드는 증류 기술은 술 제조 기술의 혁신적인 변화를 가져왔다. 기존의 술보다 응축되고 순수하며 알코올 함량이 훨씬 높은 술을 만들 수 있었다. 동시에 술의 종류도 다양해졌고 이때부터 본격적으로 약으로서의 술이 등장했다. 과거 치료를 위해서 약초를 사용할 때는 그대로 먹거나 물에 타서 차처럼 마시는 것이 전부였다. 하지만 약초를 통째로 먹는 것은 독성과 부작용에 노출될 위험이

컸고, 물에 타서 마시는 방법은 효과가 너무 약했다. 특히 물에 잘 녹지 않는 성분은 차로 녹여내기가 힘들었다. 이때 등장한 약술은 큰 장점이 있었다. 먼저 순도 높은 알코올에 약초를 담그면 물에 녹지 않는 성분도 쉽게 추출할 수 있다. 또 다른 장점은 알코올 자체가 인체의 혈액 순환과 대사를 빠르게 만들어 줘서 효과가 차에 비해 더 빠르게 나타났다. 술에 담가서 보관하니 오랫동안 보관할 수 있다는 장점도 있었다.

약으로 쓰이는 술의 종류는 다양하다. 칵테일 만들 때 쓰이는 아메르 피콘Amer Picon이라는 술은 애초 말라리아 예방을 위해 알코올에 용담, 퀴닌, 설탕 시럽을 섞은 약이었다. 리큐어 향료인 앙고스투라 비터스Angostura Bitters는 열대 기후 병을 예방하기 위해 남미에 자라는 용담 나무껍질 액으로 만든 약이었다. 우리가 잘 아는 토닉 워터Tonic Water는 원래 말라리아 약 성분인 퀴닌Quinine의 쓴맛을 가리기 위해 레몬, 라임, 탄산수 등을 넣어 만든 것이고, 스코틀랜드에서 감기에 걸렸을 때 마시는 따뜻한 칵테일인 핫 위스키 토디Hot Whisky Toddy도 마취제와 항생제로 쓰였었다.

물론 술은 인체의 건강에 이바지하기도 하지만, 건강을 해치는 데도 많은 역할을 한다. 술이 인체에 끼치는 악영향은 안 끼치는 데가 없을 정도로 광범위하다. 혈압과 심혈관 질환 발병률을 높이고, 불면증과 성격 변화를 일으키거나, 알코올 중독을 일으킨다. 몸에 수분을 가져가는 탈수 증세와 비뇨 생식계, 내분비계, 피부와 골격까지 악영향을 끼치고, 뇌를 쪼그라뜨려서 치매 발병률을 높인다. 젊은 인구 중 간암, 간경화, 지방간 환자의 비율이 증가하는 가장 큰 이유 중 하나 역시 과도한 음주다. 그렇다면 "적당한 술은 건강에 좋다"는 의견은 어디서 나온 걸까?

이 주장을 뒷받침하는 가장 빈번히 쓰이는 사례가 아마 프렌치 패러독스French Paradox일 것이다. 이는 1979년 프랑스 의학 박사팀이 유명 의학지 〈란셋The Lancet〉에 게재한 논문에서 시작된 용어다. 심장 질환의 발병 위험이 큰 55세에서 64세 사이 유럽 인구를 조사했는데, 유독 프랑스의 사망자 수가 낮게 나왔다. 프랑스 사람들이 높은 포화 지방 섭취에도 불구하고 심장 질환 발병률이 낮은 이유는 꾸준히 와인을 마셨기 때문이라는 것이 의학자들의 설명이었다. 그 외에도 적당한 음주가 오히려 혈압과 콜레스테롤 수치를 낮춘다는 연구 결과가 있다.

그렇다면 적당한 음주는 어느 정도를 말하는 걸까? 연구진 의견에 따르면, 맥주는 하루 1캔, 소주는 하루 2잔, 와인은 하루 1잔이라고 한다. 우리가 생각하는 적당량과 꽤 차이가 있지 않은가?

ː 예술가가 가장 사랑한 술

이성과 논리로는 이해할 수 없는 오묘한 예술의 영역에 발을 딛기 위해 술을 마시는 예술가가 많았다. 술을 마시고 춤과 노래를 즐기는 음주가무의 현대인들이나 달빛을 예찬하는 시를 읊던 선비들까지, 술은 자신의 예술성과 감성을 표현하는 기폭제이자 예술을 위한 일종의 도구로 사용됐다.

한 조사에 따르면 서양 미술사 중 우리나라 사람들이 가장 좋아하고 사랑하는 화가는 인상주의 학파라고 한다. 기존의 낭만주의 화풍을 거부하고 자신들만의 개성을 거침없이 드러냈던 미술계의 혁신 운동, 세세한 선 대신 변화무쌍하고 다채로운 색조를 대표했던 이들은 지금도 많은 사랑을 받는 화가들이다. 대표 인물로는 프랑스 화가 에드가 드가Edgar Degas, 카미유 피사로Camille Pissarro, 오귀스트 르누아르Auguste Renoir가 있다. 그중에서도 단연 네덜란드 화가 빈센트 반 고흐Vincent Van Gogh는

빈센트 반 고흐

161

자신만의 독특한 관점과 이를 표현해내는 독특한 화풍으로 많은 이들의 사랑을 받았다. 30세가 넘은 늦은 나이에 미술계에 입문했던 고흐는 살아생전에는 큰 명성을 누리지 못했으나, 지금은 누구나 이름만 말하면 알 정도로 유명한 화가가 됐다.

인상주의 화가들을 이야기할 때 빼놓을 수 없는 술이 있다. '초록 요정' 또는 '녹색 악마'라고 불리는 압생트Absinthe다. 압생트는 19세기에서 20세기 초까지 '프랑스 파리 예술가들의 술'이라 불릴 만큼 많은 예술가들이 즐겨 마셨다. 아일랜드 작가 오스카 와일드Oscar Wilde, 미국 시인이자 추리 소설의 창시자인 에드가 앨런 포Edgar Allan Poe가 그랬다. 프랑스 시인 샤를 피에르 보들레르Charles Pierre Baudelaire는 작품을 쓸 때 항상 한 손에는 펜을, 또 한 손에는 압생트가 든 술잔을 들고 있었다고 한다. 미국 소설가 어니스트 헤밍웨이Ernest Hemingway도 이 술의 열광적 팬이었는데, 이 술을 "쓰고 혀가 마비되는 맛이지만, 뇌를 따뜻하게 해주고 새로운 생각을 만들어주는 액체의 연금술"이라고 표현하기도 했다.

압생트에 빠진 것은 화가들도 마찬가지였다. 인상주의 화가들의 작품을 보면 그들이 얼마나 압생트에 빠져 있었는지 알 수 있다. 고흐의 〈압생트가 있는 정물화Still Life with Absinthe〉, 드가의 〈카페에서In cafe〉, 에두아르 마네Edouard Manet의 〈압생트를 마시는 남자The Absinthe Drinker〉 모두 이 술을 주제로 그린 그림이다. 작품 속 압생트는 약초 술의 특징인 초록색을 띠고 있지만, 설탕을 섞어 먹는 풍습 때문에 하얀색으로 그려지기도 한다.

당시 예술가들이 압생트를 사랑했던 이유는 무엇이었을까? 첫째는 저렴한 가격이었다. 압생트는 한국의 소주처럼 당시 대중적인 술이었다. 와인보다 저렴했기에 상대적으로 가난했던 예술가들도 쉽게 사 마실 수 있었다. 많은 사람이 오후 5시만 되면 파리의 카페로 가서 이 녹색 술을 홀짝홀짝 마셨다. 그래서 그 시간을 압생트의 색깔에서 따와 '녹색의 시간' 또는 '해피 아워'라고 부르기도 했다. 둘째는 높은 도수였다. 압생트의 도수는 45~75도 정도 된다. 맥주가 4.5도, 포도주가 15도, 소주가 18도, 보드카가 37도인 점을 비교하면 알코올 함량이 굉장히 높은 편이다. 다르게 말하자면 적은 양으로도 취할 수 있는 일명 '가성비'가 좋은 술이었다. 셋째, 예술가들은 '압생트를 마시면 환각을 보고 그로 인해 새로운 작품의 영감을 얻을

빈센트 반 고흐, 〈압생트가 있는 정물화〉

수 있다'라고 생각했다. 지금도 몇몇 예술가들이 '새로운 악상을 떠올리고, 작품을 그리는 데 영감을 준다'며 각종 약물에 손을 대는 뉴스가 나오는 것을 보면 이해가 안 되는 것도 아니다. 술은 이성과 판단력을 흐리게 하는 대신 고정 관념과 상식의 감옥에서 벗어나게 해주고, 그 과정에서 여과 없이 분출되는 아이디어는 새롭고 파격적이다. 게다가 예술가의 숙명이라 할 수 있는 '창작의 고통'이라는 감각을 마비시켜준다.

압생트는 앞서 말한 샤르트뢰즈와 같이 각종 약초와 허브를 우려내서 만든 약술이다. 압생트에 들어가는 재료 중 가장 대표적인 것이 '쓴쑥(또는 향쑥)'이라는 식물이다. 쓴쑥의 정식

에드가 드가, 〈카페에서〉

에두아르 마네, 〈압생트를 마시는 남자〉

명칭은 아르테미시아 압생티움Artmeisia Absinthium이다. 눈치가 빠른 사람이라면 생약 이름의 압생티움에서 압생트 이름이 유래된 것을 알아챘을 것이다. 더 나아가서 아르테미시아에서 그리스 신화의 여신 아르테미스Artemis를 엿봤을 수도 있다. 아르테미스는 여성의 출산을 돕고 어린아이를 돌보는 다산과 풍요의 여신인데, 실제로 오래전부터 쓴쑥은 월경통, 발열, 부인과 질병에 사용됐다.

압생트는 1790년에 프랑스 의사 피에르 오르디네즈Pierre Ordinaire가 발명했다. 사실 압생트는 맛이 좋아서 대중적인 술이 된 것이 아니었다. 오히려 약효 때문에 유명해졌다. 1830년 오스만 제국령이던 알제리를 프랑스가 아프리카 횡단 정책을 목적으로 침략했다. 프랑스 군인들이 가장 걱정했던 것은 알제리의 군대가 아니었다. 열대 지역의 말라리아와 기생충이 문제였다. 당시만 해도 많은 군인이 낯선

압생티움

열대 우림 환경에서 무수한 모기떼와 덥고 습한 환경 속 기생충에 감염됐다.

프랑스 군대는 약을 찾다가 우연히 압생트라는 술을 발견했다. 압생트에 들어가는 쓴쑥은 말라리아로 인한 열을 내리고 기생충 제거에 좋은 효과를 보이는 재료였다. 프랑스 군대는 서둘러 열대 지방에 파견 나간 병사들에게 압생트를 보급했다. 타국에서 마음고생하는 군인들에게 압생트는 마음을 달래주는 술이자 말라리아도 예방해주는 약인 그야말로 안성맞춤인 보급품이었다. 아프리카로 간 많은 프랑스 군인들이 쉬는 시간이면 전쟁터에서 압생트를 마셨고, 파리로 돌아와서도 군대에서 맛봤던 압생트의 맛을 잊지 못했다.

"야, 그때 아프리카에서 마셨던 압생트 맛이 기가 막혔단 말이야. 본국에서도 마실 수 있으면 좋을 텐데 말이지…."

이들의 수요에 따라 파리 시내의 카페에서도 너 나 할 것 없이 압생트를 판매하기 시작했다. 군인들의 사랑에 힘입어 압생트는 일반 사람들에게도 널리 알려지기 시작했고, 이윽고 대중적인 술이 됐다.

: 고흐의 기구한 삶

고흐의 작품에 대한 사람들의 관심과는 달리 그의 삶은 각종 의혹과 미스터리로 가득 차 있다. 그의 죽음을 예로 들어보자. 고흐는 1890년 7월 어느 날 복부에 총을 맞은 채로 자신의 방에 돌아왔다. 의사들이 집으로 찾아와 그를 치료했지만, 그는 사흘 뒤인 7월 29일 자신의 초라한 방에서 숨을 거뒀다. 고흐는 자살했다고 알려져 있지만 지금도 그의 죽음이 타살이 아니냐는 주장이 끊임없이 제기되고 있다. 자신의 동생 테오 반 고흐Theo Van Gogh에게 죽기 전 다량의 물감을 주문했다는 점, 머리가 아닌 복부에 총을 쏜 점에서 그가 자살이 아닌 타살일지 모른다는 의문점이 있다.

또 다른 미스터리는 그의 작품 속에 있다. 그는 유난히 노란색을 많이 사용했는데, 대표적인 작품인 〈해바라기Sunflowers〉〈밤의

빈센트 반 고흐, 〈해바라기〉

카페The Night Cafe〉〈노란 집The Yellow House〉을 보면, 집과 길, 꽃 모두 노란색으로 짙게 깔려 있다. 또 다른 특징은 일그러지고 어디론가 흘러가는 듯한 화풍이다. 〈까마귀가 있는 밀밭Wheatfield with Crows〉과 〈별이 빛나는 밤The Starry Night〉 작품을 보면, 밤하늘에 별빛은 소용돌이처럼 돌고 있고 구름은 마치 물이 흘러가는 것처럼 보인다. 단순히 그의 선호와 개성에서 비롯된 특징일 수도 있겠지만, 몇몇 학자들은 고흐가 의도적으로 그린 것이 아니라 그가 실제로 세상을 그렇게 봤다고 주장한다. 그 원인으로 그가 즐겨 마셨던 압생트를 꼽았다.

압생트의 주원료인 쓴쑥에는 산토닌Santonin이라는 성분이 들어 있다. 이것은 회충, 요충, 편충을 마비시키는 효과가 있어 구충제로 사용되기도 했다. 우리나라도 1960년대 기생충 구제 사업 때 구충제로 사용한 바 있다. 구충제를 먹으면 종종 변에서 벌레들을 발견할 수 있는데, 이는 산토닌 구충제의 특징이다. 산토닌은 벌레를 직접 죽이는 것이 아니라 마비시켜서 변으로 나오게 한다. 그래서 운이 좋으면 살아 있는 벌레들을 변에서 관찰할 수 있다. 지금은 산토닌 대신 알벤다졸Albendazole과 플루벤다졸Flubendazole 성분을 사용한다. 이 성분들은 벌레들을 녹이는 효과가 있어 아쉽게도 변에서 벌레들을 관찰할 수 없다.

빈센트 반 고흐, 〈밤의 카페〉

빈센트 반 고흐, 〈노란 집〉

빈센트 반 고흐, 〈까마귀가 있는 밀밭〉

빈센트 반 고흐, 〈별이 빛나는 밤〉

다시 돌아가서, 왜 고흐의 작품들의 특징을 압생트 때문이라 봤을까? 산토닌이 더는 구충제로 쓰이지 않는 까닭은 독성 때문이다. 대표적인 부작용이 황시증Xanthopia이다. 이것이 생기면 시야가 노랗게 보인다. 그래서 학자들은 고흐가 쓴쑥에 들어 있는 산토닌 성분을 너무 많이 섭취해 황시증에 걸렸고, 자기가 눈으로 보이는 색 그대로를 작품에 옮겨 담으니 작품이 전체적으로 노랗게 되었을 것이라고 설명한다.

실제 고흐뿐만이 아니라 당시 인상주의 화가들은 시력이 좋지 못했다. 프랑스 화가 클로드 모네Claude Monet는 시야가 뿌옇게 보이는 백내장을 앓았다. 그가 그린 작품들을 보면 모두 안개가 낀 것처럼 뿌옇게 보인다. 드가는 광과민증이 있어서 눈에 빛이 주는 자극이 심했다고 한다. 도저히 밖에 나가서 그림을 그릴 수 없었던 그는 실내에서 그림을 주로 그렸다. 실제 그가 그린 그림들은 대부분 실내에서 하는 발레 수업이 작품의 절반을 차지한다. 그들 역시 압생트의 피해자는 아니었을까?

압생트가 고흐 화풍에 영향을 줬다는 또 다른 근거는 그의 정신병력과 괴팍한 성격에 있다. 그는 어릴 때 평범한 아이였으나 나이가 들면서 차츰 사람들과 갈등이 잦아지고 싸우고 상처받고 괴로워하는 일이 많아졌다. 게다가 조울증에 걸려서 화랑 일을 더 이상 할 수 없게 됐다. 목사를 준비하기도 했지만 정신 혼란으로 이 역시 그만뒀다. 경제적 어려움과 아무도 자신을 인정해주지 않는다는 자책감에 괴로워했다. 고흐의 아버지는 그를 정신 병원에 입원시키려 했지만 오히려 이 일을 계기로 고흐는 가족들과도 멀어지게 됐다. 2개월 정도 프랑스 화가이자 그의 동료였던 폴 고갱Paul Gauguin과 함께 지냈지만, 고갱역시 그의 변덕스럽고 불같은 성격을 감당하지 못했다. 어느날 서로 크게 다투고 난 후 화가 난 고흐는 면도칼로 자신의 귀를 잘랐고, 자른 귀를 한 매춘부에게 줬다. 학자들은 그가 조울증과 우울증, 조현병과 여러 신경증을 앓았던 원인 역시 압생트 때문이라 주장한다.

: 논란의 주인공이 된 압생트

압생트가 사회적으로 논란을 일으키고, 고흐가 정신병과 신경증으로 고통받은 원흉으로 지목되는 것은 테르페노이드Terpenoid 성분 중 투존Thujone이라는 성분이다. 테르페노이드는 주로 식물과 곤충에서 생성되는 물질로, 이소프렌Isoprene이라는 특수한 골격을 가진 화합물을 총칭한다. 식물의 천연 화학 성분 중에서 가장 많은 종류를 차지하는 성분으로 그 종류가 2만

여 가지나 된다. 앞에서 말한 산토닌, 캄파Camphor, 장뇌라고도 불림,
멘톨Menthol, 베타카로틴Beta Carotine 등이 유명하다.

투존 성분 논란에 불을 지핀 것은 프랑스 의사 발렌틴 맥난
Valentin Magnan의 실험 때문이었다. 그는 기니피그를 대상으로 한
쪽은 알코올 증기에, 다른 한쪽은 쑥 증기에 노출시켰다. 그
러자 쑥 증기에 노출된 기니피그들이 경련성 발작을 일으
키며 사망했다. 맥난은 쑥에 들어 있는 투존을 원인으로 지
목하며, 이것이 신경 발작, 정신병, 환각, 신경 손상에 이어 사
망까지 일으킨다고 주장했다. 실제 투존은 우리 인체의 가바
Gamma-AminoButyric Acid, GABA라는 신경계를 억제한다. GABA는 신
경 전달 물질의 한 종류인데, 주로 흥분된 신경을 억제하는 역
할을 한다. 이 억제 물질이 나오지 않으면 신경은 계속해서 흥
분 상태에 머물고, 과도한 신경 흥분은 결국 발작으로 이어지
게 된다.

투존이란 성분이 논란이 되니 자연히 압생트도 만인이 사
랑하는 '초록 요정'에서 '녹색 악마'로 바뀌었다. 압생트 논란을
일으킨 대표적인 사건은 1905년 스위스에서 일어난 살인 사건
이다. 한 농부가 총으로 아내와 딸을 포함한 가족을 살해하고
자살을 시도한 사건이 있었다. 알코올 중독자였던 그는 아침에
와인과 브랜디를 잔뜩 마신 것으로 모자라 압생트 2잔까지 마

신 후 집을 나섰다. 그리고 집으로 돌아와서 구두를 닦지 않았다는 이유로 아내와 싸우다 홧김에 아내와 딸을 살해했다. 언론은 이 사건을 일으킨 원인이 다름 아닌 압생트 때문이라 주장했다. 이 사건을 계기로 유럽 국가들은 압생트 제조와 판매를 금지했고, 압생트의 인기는 점차 사그라들었다.

고흐가 테르페노이드의 다른 성분인 캄파 때문에 신경증에 걸렸다는 주장도 있다. 실제로 그는 불면증 때문에 베개 밑에 캄파를 잔뜩 넣어놓고 그 향을 맡으며 잠들었다고 한다. 또한 테르페노이드 성분에 중독이 돼서 테르펜유Terpene油를 술 대신 마시다가 지인과 싸우기도 했다. 그의 죽음에 여러 가지 설이 난무하는 이유는 살아생전 무명의 화가였던 그가 죽고 나서야 만인의 관심과 사랑을 받게 된 그의 기구한 삶 때문은 아니었을까?

금지됐던 압생트는 이후로 재판매를 시작했다. 투존을 과량 섭취하면 사망까지 이를 수 있는 것은 맞지만, 실제 압생트에 들어 있는 양은 매우 적었기 때문이다. 참고로 투존을 섭취한다고 해서 환각을 본다는 연구 결과는 아직 없다. 현재 유럽 연합은 압생트의 투존 함유량을 최대 35밀리그램/리터mg/l로 제한한다. 한 연구에 따르면, 65킬로그램의 남성이 압생트를 마시고 최소한의 부작용을 겪으려면 순수한 압생트 0.5리터를 곧

바로 들이켜야 한다. 최소 부작용이 그 정도이니 크게 걱정할 필요가 없다. 만약 투존으로 인한 부작용으로 사망한다면 그전에 알코올로 인한 급성 중독으로 사망할 것이다.

우리가 사랑해왔던 예술가들의 업적이 사실은 1잔의 술에서 비롯됐을지도 모른다는 주장은 사뭇 흥미롭다. 그것이 사실이든 아니든 말이다. 예술은 이성과 감성, 과학으로는 도저히 설명하기 어렵다. 그래서 그 예술의 오묘함과 신비함을 하나의 술로 설명하고자 했던 것은 아닐까? 고흐가 압생트 때문에 지금의 작품을 그렸든 아니든 그것은 중요하지 않다. 어쨌든 그는 천재 화가이며, 우리는 지금도 그의 작품을 통해 예술의 아름다움을 누리고 있으니 그것으로 다행이 아닐까.

09

우리나라와
국민을 살린
기업은 어디인가?

까스활명수 × 민강

세계 어떤 나라든 사이가 좋지 않은 국가가 있다. 식민지를 두고 유럽의 패권을 다투던 영국과 프랑스가 있었고, 자유주의와 공산주의라는 이념을 대표해 싸우던 미국과 소련이 그러했다. 종교 때문에 싸우던 인도와 파키스탄, 미국과 이슬람권 국가도 빼놓을 수 없다. 우리나라 역시 이런 라이벌 구도의 국가가 있다. 바로 일본이다. 자국의 경제력이나 국가 발전 사례를 비교할 때 가장 먼저 등장하는 나라이자 올림픽이나 월드컵을 해도 우승은 못 할지언정 우리가 반드시 이겨야 하는 나라기도 하다.

　흔히 일본을 '가깝지만 먼 나라'라고 부른다. 임진왜란과 일제 강점기와 같이 역사적으로 맞붙은 나라였지만, 또 가까운 나라인 만큼 문화적 교류도 활발하기 때문이다. 실제로 한국인이 선호하는 여행지 1순위는 오사카와 도쿄라고 한다. 2018년, 일본으로 간 관광객 수는 750만 명이다. 2위인 중국 400만 명과 비교하면 압도적으로 많다. 이유가 무엇일까? 값싼 항공료에, 깨끗한 거리와 맛있는 음식, 비자 발급이 필요 없으니 국경을 넘나들기도 쉽고, 일본어 회화도 익히는 데 비교적 어렵지 않고, 문화재가 잘 보존돼 있어 관광지로서 인식도 좋기 때문이다. 최근에는 코로나바이러스와 혐한 논란, 과거사 문제, NO 재팬 운동으로 그 인기가 예전만 하지 않지만, 여전히 우리와 가까운 국가임에는 틀림없다. 그 문화와 제품에 환호하면서도 한편으로는 정치적·역사적 문제로 서로 티격태격하는 애증의 관계인 것이다.

일제 강점기에 우리나라에는 서양의 약들이 본격적으로 들어오기 시작했다. 주로 일본 제약 회사를 통해 서양 약과 제약 기술이 들어왔다. 서양 문물을 받아들인 일본은 산업 분야뿐만 아니라 의학과 제약 분야에서도 빠르게 외국 기술을 받아들였고, 이를 통해 만들어진 자국의 약들을 우리나라에 판매했다. 탕약과 생약만 접했던 우리나라 사람들은 서양 약이 얼마나 신기했을까?

: 조선의 소화제

까스활명수가 현재까지도 사랑받는 이유는 단순히 약효가 좋은 것을 넘어서 우리나라 일제 강점기부터 이어져온 오랜 역사와 전통 때문일 것이다. 1897년에 활명수가 개발됐으니 어느새 120년이 넘었다. 그렇다면 까스활명수는 어떻게 탄생하게 됐을까? 스코틀랜드 여행 작가 이사벨라 비숍Isabella Bishop이 쓴 《조선과 그 이웃 나라들Korea and Her Neighbours》을 보면 조선 시대 식생활에 대한 재미있는 이야기가 나온다.

"조선 사람들은 3~4인분 될 법한 양의 음식을 혼자서 다 먹는다. 하물며 3~4명이 앉은 한자리에서 과일 20개 이상을 순식간에 해치웠다."

프랑스 선교사 클로드 샤를 달레Claude-Charles Dellet 역시 "조선 사람들의 가장 큰 결점은 과식이다"라고 자신의 저서에 언급했다. 외국인들의 눈에 비친 조선 사람들의 모습은 엄청난 대식가임을 짐작해볼 수 있다. 우리 조상들이 많이 먹은 이유는 대체 무엇일까? 우리나라는 계절 구분이 명확하고 흉년과 풍년에 따라 생산되는 곡물량의 차이가 컸다. '보릿고개', '삼순구식三旬九食'이라는 말이 있을 정도로 흉년이 들면 꼼짝없이 굶어야 하는 날이 많았고, 반대로 풍년이 들어 곡식량이 늘면 냉장

고같이 음식을 장기간 보관하는 장비가 없어 음식이 상하기 전에 빨리 먹어치워야 했기 때문에 그 많은 양을 다 소비해야 했다. 그래서 흉년에는 극단적으로 소식하다가 식량이 많아지면 과식하는 식습관이 형성된 것이다. 거기다 맵고 짠 음식들도 한몫했다. 이러한 식습관으로 인해 당연히 소화 불량, 배탈, 설사, 체기, 토사곽란 같은 소화기계 질병이 잦았다. 의료 선교사 올리버 에비슨Oliver Avison의 기록을 보면, "많은 한국인들이 급히 먹어 생긴 위장병이 많았다"라는 언급이 나온다.

우리나라 사람들의 이런 고통을 잘 알고 있었던 인물 중 1명이 바로 민병호 선생이다. 궁중 선전관, 지금으로 말하자면 청와대 경호관으로 일했던 민병호는 궁중 의사들과 가깝게 지내면서 그들이 쓰는 생약 비법을 어깨너머로 배웠다. 그중에는 소화제도 포함돼 있었다. 당시 조선에서는 병을 치료하려면 한 의원처럼 생약 성분을 달여서 탕약을 만들어 먹는 것이 일반적이었다. 그러나 일반 서민들에게는 의원을 만나는 것조차 힘든 일이었을뿐더러 탕약은 터무니없이 비싸고 재료도 구하기 어려웠다. 그래서 비싼 탕약 대신 보따리상들이 가져온 일본제 소화제를 많이 먹었다. 그중 하나가 지금도 판매되고 있는 가루약인 오타이산이다. 재료를 살펴보면 계피, 회향, 육두구, 정향, 진피 등 생약 성분으로 이뤄졌다. 까스활명수에 들어가는 재료들도 많이 사용됐다.

하지만 이 약 역시 구하기 힘들었던 서민들은 토사곽란과 복통으로 고통스러워했다. 이를 본 민병호는 '조선 백성들을 위한 조선의 소화제가 필요하다'고 생각했다. 다만 여기에 문제점이 있었다. 탕약처럼 많은 재료를 일일이 달여 약을 만들려면 시간과 비용이 많이 들었다. 고민하던 그에게 한 미국 선교 의사가 서양에서 약을 만드는 침출법과 알코올을 이용해 약 성분을 추출하는 방법을 알려줬다. 민병호는 배운 제조 기술을 한방 재료에 접목시켰고, 덕분에 한방 재료의 성분을 대량으로 추출해 약을 만들어냈다. 그렇게 해서 탄생한 약이 '생명을 구하는 약'이라는 의미의 활명수다.

1897년, 그는 궁중 선전관을 그만두고 나온 뒤 자신의 아들인 민강과 함께 지금의 서울 중구 순화동 5번지에 약방을 차렸다. 그리고 이름을 '같이 화합한다'는 뜻의 동화同和를 써서 동화약방이라고 지었다. 판매를 시작한 지 얼마 되지 않아 활명수는 순식간에 서민들의 사

민강

랑을 한몸에 받았다. 초기의 활명수는 탄산 가스가 없는 원액 상태의 약이었다. 특유의 쓴맛을 감추기 위해 박하와 설탕을 넣어서 진한 액으로 만들었기에 물에 원액을 타서 마시는 시럽 형태로 판매됐다. 활명수의 인기가 높아지자 너도나도 활명수라는 이름으로 짝퉁 활명수를 판매했는데, 이를 본 민강은 1910년 '부채표 활명수'를 상표로 등록했다. 이것이 부채표 활명수의 시작이자 우리나라 최초의 상표 등록이다.

일제 강점기라는 어둡고 암울한 시기에 동화약방은 국민을 살리는 한 줄기 빛이었다. 가난해서 비싼 약을 구할 수도, 병원을 갈 수도 없었던 서민들은 모두 이곳으로 모여들었다. 어느새 동화약방은 하루에도 수백 명이 들락날락하는 명소가 됐다.

ː 동화약방과 독립운동

동화약방은 다른 의미로도 대한민국을 살리는 역할을 했다. 바로 독립운동을 통해서다. 민강은 약방 주인이자 열성적인 독립운동가이기도 했다. 1909년에는 80명의 독립운동가와 함께 한국 청년 운동 단체인 대동청년단大同靑年團이라는 조직을 만들었고, 1910년에는 소의학교를 세워서 돈이 없어 교육받지 못한 서민들에게 우리 민족의 역사를 가르치며 후세 교육에 힘쓰기도 했다.

1919년 3월 1일, 수많은 사람이 거리로 나와 한목소리로 "대한 독립 만세!"를 외치며 행진했다. 3·1운동을 기점으로 독립에 대한 민중의 열망이 극에 달했고, 독립을 위한 움직임이 조선 안팎으로 활발히 이뤄졌다. 같은 해 4월 13일 중국 상해에서는 독립운동 세력이 모여서 대한민국 임시 정부를 수립하고, 국내에서는 한성 임시 정부가 설립됐다. 민강도 그 자리에 있었다. 그는 한성 임시 정부의 자금 담당을 맡았다. 약방에서 활명수를 팔아서 벌어들인 자금을 독립운동 자금으로 기부했는데, 활명수의 인기 덕분에 한성 임시 정부는 독립운동에 박차를 가할 수 있었다.

하지만 그에게는 고민이 있었다. 그 시각 수많은 독립 단체가 우후죽순 생겨나서 국내외를 합해 임시 정부를 자처하는 기관이 7개나 됐고, 이에 대해 민강은 '이렇게는 독립을 이룰 수 없다. 하나로 뭉쳐야 한다'라고 생각했다. 이러한 그의 열망으로 국내 임시 정부와 상해 임시 정부가 하나로 통합됐다. 여기서 또 다른 문제가 발생했다. '일본 경찰들의 감시가 삼엄한데 과연 어디에 모여서 정보를 교환하고 의견을 나눌 것인가'와 '독립운동 자금을 무슨 수로 상해까지 보낼 수 있는가' 하는 문제였다.

"그럼 저희 약방을 모임 장소로 하시지요. 하루에도 수많은 사람이 다녀가니 일본 경찰의 눈도 피할 수 있을 것입니다."

민강은 동화약방을 독립운동가들의 전초 기지로 선뜻 내어 줬다. 덕분에 독립운동을 위한 정보망 구축과 군자금 유통을 위한 비밀 행정 조직인 서울 연통부聯通府가 동화약방에 설치됐다. 상해로 보내는 자금 전달에도 민강의 기지가 돋보였다. 민강은 상해 임시 정부에 돈을 보내는 대신 활명수를 보냈다. 일본 경찰은 아무 의심 없이 활명수를 짊어진 보부상들을 보내 줬고, 상해로 넘어간 상인들이 현지에서 활명수를 팔면 그 자금은 곧바로 임시 정부로 들어갔다. 한국에서 성공한 활명수가 중국에서도 과연 먹혔을까? 다행스럽게도 상해로 넘어간 활명수는 중국에서도 큰 성공을 거뒀다. 그렇게 민강이 운영하던 연통부는 2년 동안 상해와 국내 임시 정부를 연결 짓는 중요한 역할을 했고, 활명수는 독립운동의 중요한 자금원이 됐다.

그러나 연통부는 대동단 사건으로 큰 전환점을 맞았다. 독립운동가들이 고종의 5번째 아들 이강을 상해 대한민국 임시 정부 지도자로 추대하려다 일본 경찰에게 발각된 사건으로, 이때 이강을 포함한 많은 간부가 체포됐다. 이강은 1년 6개월간 옥살이를 하다 나왔고, 민강은 독립운동가의 후세 양성에 힘쓰

다가 잦은 투옥과 고문 후유증으로 1931년에 순국했다. 그가 순국한 후 동화약방은 점차 내리막길을 걸었다. 이를 해결하기 위해 등장한 인물이 보당 윤창식이다. 그 역시 민족 운동 단체 신간회新幹會에서 활동할 만큼 열성적인 독립운동가였고, 나라와 민족을 위하는 동화약방의 가치관에 어울리는 인물이었다. 1937년에 동화약방을 인수한 후 제품 개발과 유통 라인 확보를 통해 현대 공장식 제약 회사를 설립했고, 이름을 동화약품 공업 주식회사로 바꿨다.

"좋은 약이 아니면 만들지 말라. 동화는 동화 식구 전체의 것이요, 또 겨레의 것이니 온 식구가 정성을 다해 다 같이 잘 살 수 있는 기업을 만들자."

당시 윤창식의 경영관이 어떠했는지 잘 알 수 있는 말이다. 지금도 우리가 알고 있는 상처 연고 후시딘, 마시는 감기약 판콜, 잇치 치약 같은 제품으로 동화제약은 그 명맥을 이어가고 있다.

: 또 다른 독립운동 기업

유한양행은 특이한 기업이다. '털어서 먼지 안 나는 기업 없다'는 말이 있듯이 요즘도 세무 조사를 하면 탈세에, 장부 조작, 경영 비리, 가족 세습에 욕이란 욕은 다 먹는 대기업들이 많다. 하지만 유한양행은 오히려 세무 조사관이 놀랄 정도로 거금의 세금을 꼬박꼬박 내고 비리를 찾을 수 없을 만큼 깨끗하다. 또 다른 특이점은 가족 세습이 없는 기업이라는 점이다. 보통 우리나라 대기업들은 회장 가족들이 회장직을 이어받는 가족 세습을 하는 경우가 일반적이다. 하지만 유한양행은 가족 세습을 아예 하지 못할 뿐만 아니라 유한양행에 취직도 하지 못하게 사칙까지 규정했다. 그래서 지금도 '우리나라에서 가장 깨끗한 기업'으로 언급된다.

유한양행의 창업주는 유일한이다. 유일한은 1895년 1월 평양에서 태어났는데, 그때가 조선을 차지하기 위해 청나라와 일본의 청·일 전쟁이 일어나고 있을 때였다. 전란으로 나라가 흉흉해진 상황에서 유일한의 아버지는 선교사의 도움으로 9세가 된 유일한을 미국으로 유학을 보냈다. 유일한은 낯선 이국땅에서 자신의 조국과 살고 있는 국가 사이의 정체성 혼란을 겪기도 했지만, 그는 민족의 역사를 공부하고 독립운동가 박용만을 만나면서 독립운동에 본격적으로 뛰어들게 됐다.

"민족을 살리기 위해서는 경제력이 가장 중요하다."

사업에 관심이 많았던 그는 21세에 미시간대학교 상과계열에 입학해 경영학과 경제학을 전공했다. 아울러 독립운동을 계속 이어가는데, 1919년 3·1운동 이후 4월 14일 미국 필라델피아에서 '한국 국민의 목적과 열망을 천명하는 결의문'을 작성하기도 했다. 학교를 졸업하고는 미국에서 중국인들을 대상으로 숙주나물 통조림을 판매하는 사업으로 큰돈을 벌어들였고, 식품회사 라초이를 차릴 만큼 사업 수완이 뛰어났다. 그러다 1921년, 한국을 방문한 그는 충격적인 장면을 목격했다. 거리에서 사람들이 기생충과 설사병을 앓다가 죽는 모습을 본 것이다. 미국이었다면 간단한 약들로 금방 치료할 수 있는 병이었다. 그는 선교사가 운영하는 병원을 찾아가 물었다.

"약 1알이면 나을 수 있는 병 아닌가요? 그런데 왜 이리 환자가 많습니까?"

그러자 의사는 "해외의 좋은 약들을 조선에서는 구하기가 너무 힘듭니다"라고 호소했다. 그 순간 유일한은 자신의 사명이 무엇인지 깨달았고, '건강한 국민만이 주권을 누릴 수 있다'는 생각으로 유한양행을 설립했

유일한

다. 본격적인 사업을 위해 자신이 살았던 미국 땅을 떠날 채비를 하던 중에 독립운동가 서재필이 찾아와 버드나무가 그려진 목각화 하나를 선물했다. 유일한은 이 그림을 사무실에서 가장 잘 보이는 곳에 걸어놓았다. 훗날 이 버드나무는 유한양행의 상징이 됐다.

유한양행의 시작은 의약품 개발이 아니라 의약품 수입 사업이었다. 약품이 세관에 걸려 국내에 들어오지 못하는 등 우여곡절이 많았지만, 국내 최초로 의약품 수입 사업을 시작한 회사가 됐다. 한국으로 넘어온 서양 약들은 서울 세브란스병원, 전주 예수병원, 선천 미동병원처럼 서양 선교사들이 운영하는 병원에서 처방되기 시작했다. 그러다 1933년, 소아과 의사인 아내가 "아이들에게 바를 소염제 연고를 만들어보자"고 제안했다. 당시 한국에는 연고라는 개념이 없어서 상처나 타박상에 바를 만한 연고가 없었다.

소염제라 하면 가장 먼저 떠오르는 성분이 뭘까? 아스피린 성분으로도 쓰이는 버드나무 껍질의 살리실산Salicylic Acid이다. 유일한은 살리실산에 멘톨, 캄파를 섞어 연고를 만들었다. 멘톨은 피부의 열을 식혀주며, 혈관을 수축시켜 부기를 가라앉히는 효과가 있다. 캄파는 바르는 국소 부위에 시원한 청량감과 냉각 자극 효과를 준다. 연고 이름은 '염증'을 뜻하는 인플

래임Inflame과 '반대'를 의미하는 안티Anti를 합쳐서 '안티푸라민 Antiphlamine'이라 이름 붙였다. 안티푸라민은 근육통과 상처에 바르는 연고로 출시됐지만, 국민 연고가 되면서 만병통치약처럼 사용됐다. 배가 아플 때나 두통에도 이 연고를 바르곤 했다.

그러다 1939년 제2차 세계 대전이 터지면서 미국과 거래하던 유한양행은 일본 경찰에게 탄압을 받았다. 당시 유일한은 미국으로 건너간 상태였는데, 일본이 진주만 공습을 시작하면서 우리나라에 있던 회사와 연락이 끊기는 지경에 이르렀다. 일본의 만행을 지켜만 볼 수 없었던 그는 본격적으로 항일투쟁을 하기 시작했다. 1942년, 미국 전략사무국 고문으로 들어가서 정보를 수집·분석하고 정치적 조언을 주는 역할로 일했다. 대한민국 임시 정부가 광복군을 양성하고 있다는 사실을 알고는 미국에서 '한일 국방 경위대'를 창설하기도 했다.

그러던 1945년에 드디어 광복되고 그는 1946년에 한국으로 돌아왔다. 말년까지 학교를 세우고 회사를 운영하다 76세에 은퇴했다. "회사 경영은 회사를 잘 아는 유능한 사람이 해야 한다"는 그의 확고한 철학으로 인해 유한양행의 경영권은 아들 대신 전문 경영인에게 넘어갔다. 우리나라 최초로 실시한 전문 경영인 제도였다. 지금도 유한양행은 회장 선출 시 회사 내부의 인사 중 전문 경영인에게 경영권을 물려주고 있다.

: 완전한 독립을 위해

해외에서 우리나라를 보며 놀라워하는 것 중 하나는 '한때 일본의 지배를 받고 전쟁까지 겪어 잿더미밖에 없던 나라가 어떻게 단시간에 선진국의 반열에 들 수 있었는가'다. 이는 맨바닥에서부터 차곡차곡 쌓아올렸던 국민의 노력과 피와 땀이 있었기에 가능한 일이었다. 그 과정에서 우리나라 기업들의 역할도 컸다. 모두가 힘든 시기에 조국과 민족을 위해서 자신의 것을 내놓으며 헌신하고 함께 성장해온 기업들과 인물들이 있었기에 지금의 대한민국이 있을 수 있었다.

한때는 '신토불이身土不二', '우리 것이 좋은 것이여', '국산품 애용 운동' 등 애국 마케팅이 큰 효과를 가져왔지만 지금은 아니다. 해외의 문화, 브랜드, 상품을 손쉽게 접하고, 국산보다 외제를 선호한다. 이제는 애국 마케팅을 '국뽕', '두 유 노 김치?'와 같은 말들로 희화화하며 원래의 의미를 잃고 있다. 1945년에 우리나라는 광복했지만, 완전히 일본으로부터 독립했다고 할 수 있을까? 현재도 그들의 기술과 지식에 많은 부분을 의지하고 있으며, 일본의 언어, 정치, 시스템, 문화 등 많은 잔재가 남아 있다. 단순히 나라의 주권을 되찾는 것만이 독립을 의미하지는 않는다. 국가는 스스로 자립할 수 있을 때 비로소 진정한 독립을 이루고 국가 자체로 거듭날 수 있다. 국가 간의 경계가 점점 허물어져가는 글로벌 사회에서 한·일 무역 분쟁은 '우리나라는 독립한 국가인가'라는 근원적 질문을 던지게 한다. 우리가 우리 기술을 이용하지 않고 외국의 것에만 의지한다면 '완전한 독립'은 어렵지 않을까?

10

그가 죽은 것은
사실 돌팔이 의사
때문이다?

메스암페타민 × 아돌프 히틀러

1945년 4월 29일, 어두운 지하 벙커 속 나이 든 총통과 젊은 부인의 결혼식이 열렸다. 조촐한 축복 속에서 진행된 결혼식에 하객들의 짧은 축하 인사가 이어졌다. 나이 든 총통은 말없이 고개만 끄덕이거나 아무도 알아들을 수 없을 정도로 작게 웅얼거렸다. 식을 마친 총통은 유서를 쓰기 시작했다.

"나는 지난 전쟁 동안 결혼이 책임감 없는 행동이라 믿었기에 하지 않았다. 하지만 지상에서의 삶이 끝나기 전 나를 항상 보필하고 이 포위된 도시에서 나와 운명을 함께하는 이 여인을 아내로 맞아들이기로 했다. 나 자신과 아내는 파면이나 항복의 수치에서 벗어나기 위해 죽음을 택한다. 내 시체는 사후 즉시 불태워주길 바란다."

유서를 쓰고 있는 그에게 주치의가 다가왔다. 의사는 총통에게 작은 캡슐을 건네줬다.

"각하, 이 약을 드십시오. 그러면 모든 것이 끝날 것입니다."

그것은 맹독인 청산가리Potassium Cyanide로 만든 캡슐이었다.

"약이 확실한지 확인하고 싶네. 혹시라도 내가 죽지 않으면 일이 번거로울 테니."

총통은 자신의 사냥개이자 반려견을 데려와 캡슐 1알을 먹였다. 잠시 후 온몸을 떨며 입에서 거품을 물고 쓰러졌다. 개의 눈빛에서 생기가 사라지자 총통은 아무 말 없이 죽은 자신의 개를 바라봤다. 곧 자신도 이런 모습이 되겠구나, 생각하며.

이어서 결혼식 피로연이 시작됐다. 얼마 남지 않은 최고급 샴페인을 하객들에게 나눠줬다. 그들은 건배하며 마지막 파티를 즐겼다. 희망이 없음을 애써 외면하고 더욱 즐겁게 웃고 떠들었다. 한때 전 세계를 뒤흔들었던 제2차 세계 대전의 전세는 이미 기울어진 상황이었다. 소련의 붉은 군대는 베를린의 마지막 방어선을 뚫고 벙커로 진격하고 있었다. 장군들은 벙커가 버틸 수 있는 시간이 길어야 하루 정도로 예상했다. 그날 저녁 이탈리아 독재자 베니토 무솔리니Benito Mussolini가 죽었다는 소식이 들려왔다. 자신의 애인과 함께 총살돼 시체가 시민들에게 유린당한 채 거리에 매달렸다는 말과 함께. 총통은 부하를 불러 다시 한번 신신당부했다.

"내가 죽으면 내 시체를 꼭 불태우게. 소련놈들 손에 단 한 줌이라도 넘어가지 않도록."

30일 오후 2시, 총통은 자신의 부하들에게 탈출을 허락했다. 이제 거대한 지하 벙커에는 그의 비서와 측근 몇 명만이 남았다. 그들은 마지막 식사를 한 후 작별 인사를 나눴다. 이후 총통은 자신의 애인과 함께 서재로 들어갔다. 몇 시간 뒤 애인과 함께 싸늘한 시체로 발견됐다. 한때 독일의 총통이자 거대한 제국의 지배자였던 인물, 별 볼 일 없던 삼류 미술가에서 카리스마로 독일 국민을 이끌었던 정치인, 위대한 이상 국가를 꿈꿨던 군인, 수많은 사람을 죽음으로 내몬 학살자, 제2차 세계 대전을 일으킨 장본인. 아돌프 히틀러Adolf Hitler의 삶은 그렇게 초라하게 막을 내렸다.

히틀러가 죽은 뒤 남은 사람들은 곧바로 그의 시체를 화장하고자 준비했다. 그러나 벙커 안에는 제대로 된 화장 시설이 없어 그의 측근들과 장관 파울 괴벨스Paul

아돌프 히틀러

Goebbels는 그의 시체를 벙커 밖 정원으로 가져온 뒤 자동차 휘발유를 뿌리고 불을 붙였다. 곧 소련군의 폭탄이 정원에 비 오듯 쏟아졌고, 놀란 장군들은 시체를 버리고 벙커 안으로 혼비백산 도망쳤다. 폭탄과 불길로 엉망이 된 그의 시체는 벙커를 점령한 소련군에게 발견됐고, 그들은 치아 대조를 통해서 히틀러의 시신임을 확인했다.

사실 히틀러가 정확히 어떻게 죽었는지는 아직도 확실한 설이 없다. 2018년 프랑스 연구자들이 치아 분석으로 밝혀낸 권총 자살설도 있지만, 가장 유력한 설은 독약을 먹고 자살했다는 음독 자살설이다. 그의 시체를 발견한 소련 위생병의 말에 의하면 입안에서 청산가리 특유의 향이 났고 깨진 청산가리 캡슐 조각이 발견됐다고 한다. 그가 죽기 전 청산가리를 시험해봤고, 동반 자살한 애인 에바 브라운Eva Braun 역시 청산가리로 자살한 사실이 이를 증명했다. 즉, 나치 제국의 마지막을 장식한 것은 총도 칼도 아닌, 그의 주치의가 건네준 청산가리 캡슐 하나라는 이야기다.

히틀러가 유일하게 믿은 인물

히틀러의 주치의였던 테오도르 모렐Theodor Morell은 나치 제국의 몰락과 죽음에 긴밀하게 얽힌 인물이다. 오늘날로 치면 강남 유명 병원 원장인 그는 육군대대 의료 장교를 재직하고 1918년에 독일 수도 베를린에서 자신의 의원을 열었다. 부유한 집안의 아내 하넬로레 모렐Hannelore Morell의 지원 덕에 다른 병원에서는 엄두도 내지 못하는 최신 고급 의료 서비스를 제공했다. 또한 기존의 치료법과는 다른 독자적인 의술로 사람들의 이목을 끌었다. 어느덧 부유층 사이에서 입소문을 타고 루마니아 왕의 개인 의사 자리를 제안받을 정도로 유명한 스타 의사가 됐다.

야망이 많던 그에게 부와 명예를 가져다줄 절호의 기회가 찾아왔다. 그의 환자였던 히틀러 전속 사진사 하인리히 호프만Heinrich Hoffmann이 히틀러를 소개시켜줬기 때문이다. 호프만은 과장을 더해서 모렐이 자신의 목숨

테오도르 모렐

을 구해줬다며 히틀러에게 그의 독특한 의술을 자랑했다. 이윽고 히틀러는 그에게 관심이 생겼고 1936년에 그와 만남을 가졌다. 당시 히틀러는 심한 위장 경련과 복통, 장염으로 고통받고 있었다. 모렐은 이 일생일대의 기회를 놓치지 않고 히틀러에게 뮤타플로러Mutaflor라는 약을 처방했다.

뮤타플로러는 군인인 히틀러와 딱 어울리는 약이었다. 1917년 독일 의사 알프레드 니슬Alfred Nissle이 발견한 약으로, 쉽게 말해 유산균제였다. 이 약이 발견된 계기는 제1차 세계 대전 당시 유명한 한 부사관 덕분이었다. 부사관의 유명세는 용맹하게 싸우거나 뛰어난 전략, 전술을 가졌기 때문에 생긴 것이 아니었다. 단지 전쟁터에서도 튼튼했던 그의 위장 때문이었다. 제2차 세계 대전과 달리 제1차 세계 대전은 의료 기술과 위생 보건이 매우 열악했다. 감염을 막아줄 마땅한 항생제도 없었고, 군인들은 참호 속 세균이 버글대는 구덩이에서 지내며 곰팡이가 핀 빵과 더러운 물을 마셨다. 이로 인해 많은 군인이 복통과 설사병에 시달렸다. 이런 와중에도 한 부사관만은 멀쩡히 밥을 먹고, 변도 잘 봤다. 이 '잘 먹고 잘 싸는 한 병사'의 이야기는 니슬의 귀에까지 들어왔다.

'어쩌면 그의 장에는 남들과 다른 특별한 무언가가 있지 않을까?'

니슬은 부사관에게 그의 신선한 대변을 실험 재료로써 가지고 오라고 명령했다. 조사 끝에 그 안에서 특이한 대장균 균주를 발견했고, 이 대장균을 자신의 이름을 딴 '대장균 니슬 1917^{E.Coli Nissle 1917}'로 불렀다. 흔히 대장균 하면 식중독을 일으키는 나쁜 균으로만 알겠지만, 이 균은 특이하게도 대장균임에도 인체에 해로운 독소 물질을 생산하지 않았다. 오히려 장의 염증 반응을 억제했을 뿐만 아니라 장내 조직을 복구하는 데 도움이 되는 강력한 유산균이기까지 했다. 니슬은 그해 이 균주로 뮤타플로러라는 장 질환 치료제를 개발했다. 지금도 이 약은 궤양성 대장염 방지와 만성 변비 치료에 쓰이고 있다.

히틀러는 이 약이 꽤 마음에 들었다. 전쟁터에서 발견된 약의 기원도 그러했고, 유익균과 유해균의 치고받는 장 속 싸움이 마치 제2차 세계 대전을 치르고 있는 동맹국과 연합군의 전쟁과도 닮았기 때문이었다. 무엇보다 약효가 좋아서 히틀러의 장염 증상을 놀라울 정도로 호전시켰다.

히틀러를 매료시킨 또 하나는 모렐이 놓아주는 비타민^{Vitamin} 주사인 비타뮬틴^{Vitamultin}이었다. 이것은 고함량의 비타민을 함유하고 있었다. 무기력하고 힘없는 아침이면 히틀러는 어김없이 모렐에게 비타뮬틴 주사를 부탁했다. 주사를 맞고 나면 기분이 매우 상쾌해지고 활기차게 보낼 수 있었다. 이러한 경험들이 쌓여 히틀러는 모렐을 '의학의 천재'라 칭하는 것도 모자라 자신의 주치의로 임명했다. 흥미로운 점은 히틀러는 여타 다른 독재자들처럼 타인을 절대 믿지 않는 것으로 유명했다는 것이다. 그런 그가 유일하게 믿는 인물이 모렐이었다. 모렐은 히틀러가 죽는 순간까지 포함해 그의 건강을 전적으로 책임지게 됐다. 이는 히틀러의 일생일대 실수였다.

ː 믿음이 배신으로 바뀌다

히틀러는 전적으로 모렐을 신뢰했지만, 측근인 헤르만 괴링 Hermann Goring과 하인리히 힘러Heinrich Himmler를 포함한 나치 지도부 대부분은 모렐의 치료를 탐탁지 않게 봤다. 오히려 그들은 모렐을 돌팔이 의사로 취급했다. 히틀러의 두터운 신뢰 때문에 함부로 대하지는 못했지만, 개인적으로 그에게 진료를 받는 이들은 거의 없었다. 그들이 보기에 모렐의 치료는 당시의 일반적 치료 상식을 크게 벗어났기 때문이다. 실제로 모렐은 기존의 치료법보다는 최신 유행 치료법에 집착하고 맹신했다. 더 큰 문제는 자신의 유능함을 빠른 시간 내 보여주기 위해 욕심을 부렸다는 점이다. 환자를 빨리 낫게 하기 위해서 인체에 독한 약들, 심지어 마약도 거리낌 없이 사용했다. 그의 처방에 의심을 품은 또 다른 주치의인 에른스트 군터Ernst Gunther는 몰래 비타뮬틴 주사의 성분을 분석해봤다. 약 안에는 비타민만 들어 있는 것이 아니었다. 과량의 메스암페타민Methamphetamine도 들어 있었다.

메스암페타민은 우리나라에서도 가장 많이 남용되는 각성 흥분제로, 우리가 흔히 말하는 필로폰Philopon이 바로 그것이다. 메스암페타민은 중추 신경을 흥분시키기 때문에 각성 효과가 매우 크고, 뇌 속에 도파민Dopamine이라는 물질을 폭발적으로 증가시킨다. 도파민이 증가하면 졸음과 피로감이 사라지고, 오히려 쾌감과 행복감을 느끼게 한다. 과거에는 주의력결핍 과다행동장애Attention Deficit Hyperactivity Disorder, ADHD 치료나 기침과 감기 증상의 의약품으로 사용하기도 했으나, 현재는 의약 목적으로 쓰지 않고 마약류로 지정됐다.

메스암페타민은 1893년 일본 도쿄대학교 의학부 교수 나가이 나가요시長井長義가 발견했다. 감기

메스암페타민

약을 개발하려다 만든 이 물질이 축농증과 기침 억제에 효과가 있는 줄 알았는데 부작용으로 각성 효과가 큰 것을 발견했다. 그래서 처음 이 약은 자양강장·피로회복제로 판매됐고, 처방 없이 약국에서 쉽게 구매할 수 있었다. 제2차 세계 대전 때는 이 약이 공공연히 사용됐는데, 특히 장기간 행군이나 비행을 해야 하는 군인들에게 주로 보급됐다. 나중에서야 중독성과 부작용 때문에 금지됐지만 이미 많은 군인이 이 약물에 중독된 상태였다.

지금도 뉴스에서 잊을 만하면 등장하는 마약이 메스암페타민이다. 특히 연예인들과 재벌 2세들의 마약 관련 사건·사고에서 자주 등장한다. 과거 한 유명 아이돌 가수가 애인과 함께 필로폰을 투약한 혐의로 징역을 받은 적이 있었는데, 그때 그의 피부에 난 상처가 메스 버그Meth Bug 증상이 아닌가에 대한 논란이 일었었다. 이 증상은 메스암페타민 중독으로 나타나는 환각 증상과 가려움이다. 이 때문에 피부를 긁다 보면 자연스레 팔과 다리가 상처투성이가 된다.

이처럼 중추 신경계를 흥분시키는 메스암페타민은 부작용이 큰 약물로 알려져 있다. 자살 충동, 약물 의존, 분노 장애, 치아 변형, 신경 손상, 불안과 조현병과 같은 정신병을 일으키기도 한다. 일부 전문가들은 운동 장애가 생기는 파킨슨병Parkinson病을 일으킬 수도 있다고 주장한다.

말년에 들어선 히틀러는 전보다 화를 더 잘 내고 말도 어눌해졌다. 불같이 화를 내다가도 무기력해지는 증상이 반복됐다. 전쟁 막바지에 그가 내린 작전들은 대부분 잘못된 판단들이었다. 현실을 제대로 인지하지 못해 존재하지도 않는 군대를 불러들이라고 소리치는 등 측근들을 당혹스럽게 했다. 한때 유럽 대륙을 통치했던 그가 자기 자신마저 제대로 통제하지 못하는 모습을 보였다. 그의 마지막 모습이 담긴 선전 영상을 보면 중간중간 손발을 심하게 떨고 걸음걸이 역시 어색하다. 이는 파킨슨병의 대표적인 증상이다. 전문가들은 그가 파킨슨병에 걸린 이유가 메스암페타민 부작용이라 보고 있다.

: 약물 중독과 부작용이 만든 카리스마

전쟁이 막바지에 이르며 기울어지는 것은 독일의 정세뿐만이 아니었다. 장기간의 전쟁과 알게 모르게 그의 몸을 좀먹던 약물 때문에 히틀러의 건강에도 적신호가 켜졌다. 그는 대중들에게 보이는 이미지 관리와 우상화에 신경을 많이 썼다. 그의 연설을 보면 격정적인 말투, 음색, 억양, 그리고 과장된 몸짓이 많은데, 그런 모습이 대중들에게 '강인한 군주'라는 인상을 줬다. 어려운 국가 상황에서 대중들이 바라던 군주의 모습이 바로 그러했기 때문이다. 또한 히틀러는 매번 아리아 민족의 유전적·정신적·육체적 우수함을 강조했고, 자연스레 자신의 추종자들에게도 절제되고 강인한 이미지를 보여줘야 했다.

한 나라 수장의 건강에 이상이 생기면 국가의 위기로 본다. 그래서 정치인, 특히 독재자들은 각종 미디어를 통해서 말을 타고 있거나, 총을 들고 사냥을 하는 등 마초적인 모습을 연출해 자신의 건강함을 과시하곤 했다. 그러나 히틀러는 어느 순간 우수한 아리아인과는 확실히 거리가 있어 보이는 형태로 변해 있었다. 피곤해 보이는 눈, 떨리는 손발, 뒤뚱거리는 걸음걸이, 힘없는 목소리. 육안으로 봐도 초췌해 보였다. 그런 그를 위해 모렐은 비밀 레시피를 추가했다. 바로 테스토스테론 Testosterone, 즉 남성 호르몬이었다.

옥치키린Orchikirin이라는 이름으로 처방됐던 이 약물은 소의 고환 조직에서 추출한 남성 호르몬으로, 적은 양으로도 인체에 큰 영향을 준다. 정자를 생성하고 성욕을 증진할뿐더러 인체의 뼈, 근육, 피부 성장을 돕는다. 특히 단백질과 근육 형성에 중요한 역할을 한다. 사춘기 때 신체가 급격히 변하는 2차 성징기를 겪는데, 그 원인이 체내에 증가한 테스토스테론 같은 성호르몬 때문이다. 성호르몬은 인체 내에서 자연히 만들어지는 것이기 때문에 보통 사람의 경우라면 굳이 약으로 보충할 필요가 없다. 그래서 처음에는 근육 합성이 부족하거나 선천적으로 성호르몬이 결핍된 환자들에게 사용됐다. 현재도 남성 갱년기 환자들 중 호르몬이 부족한 경우에 사용한다.

그런데 이를 사용하면서 성욕 증진과 인체 성장 효과에 대한 소문이 부풀려지며 정력 강화제, 회춘약 등으로 알려졌고, 이후로 남용되기 시작했다. 보디빌더들이 근육질 몸을 만들기 위해 불법적으로 사용하는 약물이 되기도 했다. 보디빌더들이 불법 스테로이드 약물을 과도하게 맞아서 부작용을 겪는 사례가 이슈가 됐던 적이 있는데, 주사를 맞은 부위의 근육이 괴사한다거나 고환에서 정자를 생성하지 못하는 무정자증이 되거나, 약을 중단 후 근육이 퇴화하거나 심장 마비로 사망하는 경우가 그렇다. 체내 합성되는 남성 호르몬 양이 줄어들어 오히려 신체의 여성성이 증가하는 경우도 있다. 한때 "히틀러는 사실 여성이다"라는 주장이 제기되기도 했었다. 남성 호르몬 과다 복용의 또 다른 부작용으로는 심근 경색과 관상 동맥 질환, 인체 면역을 억제해 세균 감염의 위험을 높인다는 것이 있다.

어쩌다 보니 모렐은 히틀러의 건강을 위해 목숨을 담보로 한 약물 돌려 막기를 하고 있는 꼴이 됐다. 히틀러가 여전히 건강하고 정정한 것처럼 보이도록 각종 각성제와 호르몬제를 투여했고, 이 때문에 생기는 부작용을 감추기 위해 또다시 다른 약물을 집어넣었다. 그의 비밀 주사 레시피에는 이제 심장 강화제와 페니실린Penicillin을 포함한 각종 항생제까지 추가됐다.

ː 히틀러는 이제 끝났다

1944년 7월 20일, 독일군 장교 클라우스 폰 슈타우펜베르크Claus von Stauffenberg는 동료들과 함께 히틀러를 암살하는 계획인 '작전명 발키리Valkyrie'를 비밀리에 진행했다. 슈타우펜베르크는

클라우스 폰 슈타우펜베르크

늘대굴이라 불리던 작전 본부에 들어가 회의를 하던 히틀러 옆에 폭탄 가방을 두고 탈출했다. 폭탄이 터진 후에는 히틀러의 사망을 확신하고 쿠데타를 일으켰다. 하지만 히틀러는 기적적으로 폭발에서 살아남았고, 암살과 관련된 인물들을 모두 처형

했다. 겨우 살아났지만, 폭발의 후유증으로 인한 고막 파열과 전신의 통증 증상이 다시금 그를 괴롭혔다.

이 사건은 그에게 또 다른 지옥의 시작이었다. 고막 파열로 인한 두통과 통증을 호소하던 히틀러를 위해, 안 그래도 약물로 가득한 그의 몸에다 모렐은 또 다른 약물인 유코달Eukodal과 코카인Cocaine을 추가했다. 유코달의 성분은 옥시코돈Oxycodone으로, 오늘날에도 사용되는 아편Opium계 진통제다. 마약인 아편에서 나온 물질을 변형시켜 만든 진통제를 아편계, 오피오이드Opioid 진통제라고 부르며, 종류로는 병원에서 쓰는 모르핀, 펜타닐Fentanyl 등이 있다. 우리가 통증을 0~10단계까지 나눈다면 7~10단계의 중증의 통증에 쓰이는 진통제가 아편계 진통제다. 아편계 진통제를 쓰는 대표적인 환자군은 암 환자다. 암 통증을 없애는 진통제라니, 그 약효가 얼마나 셀지 대략 가늠해 볼 수 있을 것이다. 코카인 역시 메스암페타민과 비슷한 효과를 내는 마약이다. 행복감과 상쾌한 기분을 들게 하는 각성제지만, 부정맥과 심장 마비와 같은 부작용을 유발시킬 수 있다.

사실 히틀러와 나치당은 마약에 대해 굉장히 엄격한 법을 고수하고 있었다. 그들은 "유대인들은 마약에 쉽게 탐닉한다"라며 마약 중독자들을 유대인과 같은 취급을 했다. 마약 중독으로 적발된 사람들은 유대인과 함께 수용소로 끌려갔다. 의외로 히틀러는 굉장히 청결하고 온화하며 자기 관리가 철저한 사람이었다. 실제로 술을 잘 마시지 않았고 담배를 피우지도 않았다. 여자 관계가 복잡한 사람도 아니었으며, 심지어 채식주의자였다고 한다. 하지만 1940년대 이 돌팔이 의사 덕분에 히틀러는 어느새 약물 중독자가 돼 있었다. 한동안 자신이 마약을 투여받고 있었다는 사실마저 인지하지 못했다. 약물의 효과가 극적이고 좋았던 이유는 단지 모렐의 뛰어난 실력 때문이라고 믿었다. 그러던 중 그도 점차 자신의 몸에 이상이 생겼음을 눈치챘다. 모렐이 너무나 많은 양의 약물과 주사를 자신에게 놓고 있음을 깨달은 것이다.

그는 1주일에 150알의 알약을 삼키고 8~10회의 주사를 맞았다. 모렐이 기록한 문서를 통해 히틀러의 몸에 주입된 약물 리스트를 볼 수 있었는데, 무려 그 종류가 74가지나 된다고 한다. 코카인, 메스암페타민, 헤로인Heroin 같은 마약도 있었으며, 그로 인한 부작용을 감추기 위해 강심제와 항생제, 마약성 진통제까지 아낌없이 사용됐다. 건강해 보이기 위해 남성 호르몬을 추가했고 과량의 비타민과 카페인Caffeine도 들어갔다. 겉만 보면 멀쩡한 사람처럼 보이지만, 속은 약물 중독과 부작용으로 썩어가고 있었다. 나중에는 삼키는 알약이 너무 많아 속이 쓰리자 주사와 안약을 통해 약물을 주입했다. 주사를 너무나 많이 맞은 나머지 팔목에 바늘 자국이 가득해 정맥을 찾기가 힘들 정도였다.

약물 중독으로 몸도 정신도 엉망이 된 히틀러는 이제 이성적인 판단을 하기도 힘들어졌다. 제대로 징집이 되지 않은 부대를 전방에 나가 싸우라고 명령을 내리거나, 자신의 말을 듣지 않는 장군들을 충동적으로 파면하거나 총살형을 내렸다. 그리고 독일의 패배 이유가 내부 장군들의 배신과 무능함 때문이라 잘못을 돌렸다. 위대한 제국의 총통과 거리가 멀어진 그의 모습에 많은 이들이 히틀러를 떠나 항복하거나 망명을 떠났다.

'이제 히틀러는 끝났어.'

장군들 사이에서는 이 사실이 공공연히 퍼졌다.

⠸ 그가 마지막으로 처방받은 약

1944년, 연합국의 폭격기가 독일 상공을 지나고 있었다. 그해 12월 영국군의 폭격은 독일군뿐만 아니라 히틀러 개인의 건강에도 치명타를 줬다. 영국군이 폭격한 곳은 다름 아닌 슈타트라는 지역으로, 그곳에는 지금도 유명한 제약 회사 머크의 제약 공장이 있었다. 당시 머크의 주요 생산품은 유코달과 메스암페타민 같은 진통제와 각성제였다. 이것은 2가지 의미로 히틀러에게 재앙의 시작이었다. 하나는 독일의 제공권을 연합국에 빼앗겼음을 의미했고, 또 하나는 그를 버티게 하던 약물들을 더 공급받지 못함을 의미했다. 당시 모렐의 메모에는 "처방전에 있는 대부분의 약이 제약 공장의 폭파로 인해 수급이 불가능했다"라는 기록이 남아 있다.

마약성 진통제와 각성제 투약을 갑자기 그만둠으로써 금단 증상이 히틀러를 찾아왔다. 우리는 '마약을 끊으면 당연히 몸에 좋을 것이다'라고 쉽게 생각하지만, 한번 중독 상태에 빠진 몸은 갑자기 약물을 끊으면 오히려 심한 반동을 일으킨다. 이를 '금단 증상'이라고 한다. 금단 증상은 다양하게 나타난다. 심하면 쇼크가 올 수 있고, 경련과 환각을 보거나 정신 착란을 일으키기도 한다. 수면 장애가 오거나, 몸이 덜덜 떨리고 온몸이 아픈 감기 증상으로 착각하기도 한다. 보통 아편계 진통제를 3개월 정도 사용하면 중독이 되는데, 히틀러의 경우 진통제 말고도 다양한 각성제와 약물들을 사용하다 갑자기 중단된 경우이기 때문에 그 고통이 얼마나 클지 짐작조차 할 수 없다.

"몸이 떨리고 아파서 견딜 수가 없네. 지금 당장 군대를 보내서 무슨 수를 써서라도 약물을 구해오게. 당장!"

히틀러는 군대를 동원해 약물을 공수해오라고 명령했다. 그러나 이미 전세는 연합군에게 기울어진 상황이었다. 약 공수 작전은 실패로 돌아갔고, 히틀러는 비명을 지르며 떼를 썼다.

"모든 것이 끝났어! 다 끝났다고!"

이제 그가 통제할 수 있는 것은 아무것도 없었다. 베를린이 함락될 때까지 그는 남은 시간을 끔찍한 고통 속에 보낼 수밖에 없었다. 어쩔 수 없이 또다시 모렐을 찾았다. 이제 모렐이 그에게 처방해줄 수 있는 약은 단 하나밖에 없었다. 이 끔찍한 현실을 벗어나게 해줄 수 있는 유일한 약이었다.

"각하, 이 약을 드시면 모든 것이 끝날 것입니다."

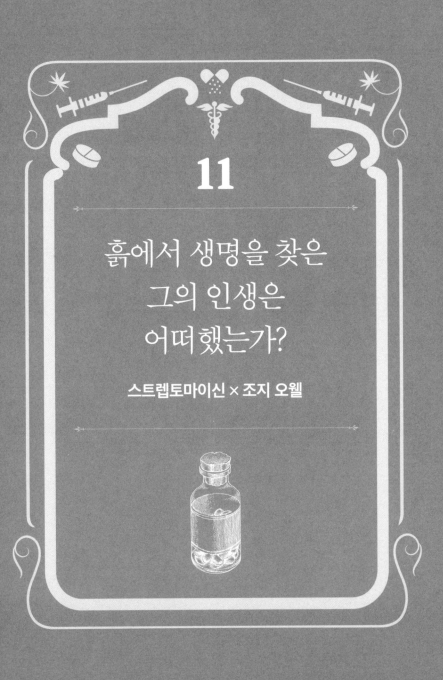

11

흙에서 생명을 찾은
그의 인생은
어떠했는가?

스트렙토마이신 × 조지 오웰

영국 마이어스 병원 요양소에 근무하던 지미 윌리엄슨^{Jimmy}

Williamson의 하루는 여느 때나 다름없었다. 아침에 입원한 특이

한 환자 1명을 빼면 말이다. 자신을 에릭 블레어^{Eric Blair}라고 소

개한 남성은 보통 환자들과 달랐다. 고된 치료 과정에 투정과

떼쓰기를 일삼는 환자 사이에서 그는 항상 단정하게 옷을 입고

얌전하며 조용하게 지냈다. 핏기 없는 그의 하얀 얼굴은 살이 없

어서 팔자주름이 유독 도드라져 보였다. 손가락은 가늘고 힘없

어 보였지만 한시도 가만히 있지 않고 무언가를 하고 있었다.

그는 시도 때도 없이 격한 기침을 내뱉었다. 때때로 손수건

에서 피가 묻어 나왔다. 의사는 단번에 그가 결핵 때문에 요양

원을 찾아왔다는 사실을 알아챘다. 이런 외딴 요양원에 들어오

는 환자 10명 중 9명은 결핵 환자였으니 신기한 일도 아니었다. 결핵에 걸렸음에도 그는 항상 담배를 입에 물고 있었다. 의사들의 만류에도 도통 말을 듣지 않았다.

당시 결핵으로 요양원에 들어온 환자들이 받는 치료는 2가지밖에 없었다. 휴식과 깨끗한 공기를 마시는 요양과 붕괴 치료법이었다. 붕괴 치료법은 폐를 일부러 짜부라뜨려서 결핵균의 공기 접촉을 막는 고통스러운 치료법이었다. 놀랍게도 그는 이 괴로운 치료법을 묵묵히 참아냈다. 그런 그도 참지 못하는 것이 2가지 있었다. 하나가 담배였고 또 하나가 타자기를 뺏는 것이었다. 한번은 그의 시끄러운 타자기 소리에 잠을 자지 못하던 주변 환자들이 타자기를 뺏으려 들자 그가 크게 역정을 냈다.

항상 담배를 물고 뭔가를 골똘히 생각하던 그는 갑자기 번뜩이는 눈빛으로 종이 위에 타자를 쏟아내곤 했다.

"무슨 유명한 작가라 하던데요?"

옆에 있던 간호사가 의사에게 말했다.

"작품 이름이 뭐라더라? 아, 《동물농장Animal Farm》!"

"《동물농장》? 동화 작가로는 안 보이는데….'

그렇다. 에릭 블레어는 영국 소설가 조지 오웰George Orwell의 본명이었다.

ː정치적 칼을 손에 쥐다

　오웰의 아버지는 영국의 식민지였던 인도 행정국에서 일했다. 그래서 오웰의 국적은 영국이지만 인도에서 태어나 생활했다. 머리가 좋았던 그였지만 집은 그다지 부유한 편이 아니었다. 성격과 개성이 특이해서 주변 친구들이나 무리에 잘 적응하지 못했다. '비운의 흙수저', '아웃사이더'는 그를 가장 잘 표현하는 단어였다. 학업 성적이 좋았기에 학비를 면제받고 명문 중등학교였던 이튼칼리지에 진학하기 위해 영국으로 돌아갔다.

　"이봐, 여긴 너 같은 가난뱅이가 다닐 학교가 아니야."

　가난했던 그는 그곳에서 소위 금수저라 불리는 친구들 사이에서 차별을 겪었다. 많은 졸업생이 이튼칼리지를 졸업하고 대학교로 진학했다. 명문 중등학교를 졸업했으니 대학으로 진학하는 것은 보장된 성공 루트였다. 하지만 오웰은 대학교 진학을 포기하고 인도 제국 경찰에 지원했다. 남들과 다른 독특한

조지 오웰

길을 택한 후 미얀마와 인도에서 경찰관 생활을 했다. 그러다 대영 제국이라 불린 영국의 드높은 위상이 사실은 수많은 식민지와 민중들을 학살하고 통제하면서 그들의 피 위에 이룬 환상에 불과하다는 것을 깨닫고 환멸을 느꼈다. 이후 1928년, 경찰관을 그만두고 글을 쓰는 작가로 전업했다. 예나 지금이나 글 쓰는 작가는 풍족한 삶과는 거리가 먼 직업이었다. 프랑스 파리로 이주한 그는 호텔에서 접시 닦이 아르바이트나 가정 교사 같은 일로 생계를 유지했다. 그 당시 그가 썼던 글은 노동자와 하층민 사람들에 대한 주제가 대부분이었다.

1936년, 그는 스페인 바르셀로나로 떠나 스페인 내전에 참가해 마르크스주의 통일노동자당에 입대했다. 본인 스스로 죽을 때까지 '사회주의자'라고 말할 만큼 사회주의를 이상적인 이념이라 생각했다.

'사회주의를 통해 세상은 평등해질 수 있고 어떤 계급 차별 없이 모두 행복할 거야.'

하지만 좋은 시절도 잠시였다. 당 내부의 갈등으로 어제까지 같은 목적을 위해 싸우던 동지들이 서로를 죽이는 모습을 보고는, '이게 내가 생각했던 이상이었던가?'라는 회의감이 들었다. 당파 싸움을 피해 프랑스로 건너간 그는 그때부터 자신의 펜을 정치적 칼로 사용했다. 사회를 풍자하고 정치를 비판하는 정치 소설을 쓰기 시작한 것이다.

﹕ 대작을 출간하고 섬으로 떠난 이유

1945년, 러시아에서는 이오시프 스탈린^{Iosif Stalin}이 블라디미르 레닌^{Vladimir Lenin}을 이어서 소련 공산당이 실권을 장악하고 있었다. 공산주의의 이상 아래 건국됐던 거대한 실험 국가 소련. 만인이 평등해지는 이상과는 달리 그 안에서는 끔찍한 탄압과 독재가 벌어지고 있었다. 스탈린은 자신의 체제를 비판하거나 의심하는 자들을 무자비하게 숙청했다. 그 유명한 스탈린의 대숙청 기간 동안에만 최소 60만에서 최대 200만 명에 가까운 사람들이 목숨을 잃거나 아무도 모르게 사라졌다. 그런 소련의 참상을 지켜봤던 오웰은 러시아 혁명 이후 소설《동물농장》을 내놓았다.

《동물농장》은 농장을 배경으로 인간에게 대항하며 봉기를 일으킨 동물들과 그들 사이에서 벌어지는 계급 격차와 갈등, 지도층의 배신을 내용으로 한 우화다. 우화의 형식을 띠고 있지만, 사람들은 이 글이 단순한 우화가 아님을 알았다. 혁명을 주도한 늙은 돼지 '대령'은 공산주의의 아버지 칼 마르크스^{Karl}

^{Marx}를, 그를 따르다 나중에 권력을 장악한 젊은 돼지 나폴레옹은 러시아의 스탈린을, 그를 지키며 말을 듣지 않는 다른 동물들을 무참히 살해하는 개들은 스탈린의 추종자이자 비밀 경찰을 상징했다. 나폴레옹을 끝까지 믿고 따르지만 일만 실컷 하다 끝내 비참한 죽음을 맞이하는 말 복서는 소련의 민중을 의미했다.

"한 걸음이라도 잘못 디딘다면 적들은 그 순간 우리를 무너뜨릴 것입니다. 여러분! 존슨이 다시 돌아오기를 바라지 않지요?"

돼지들은 그들의 정권이 흔들릴 때마다 인간이 지배하는 농장의 악몽을 상기시키며 민중들의 공포심을 자극하고 단결과 통제된 삶을 강요했다. 하지만 정작 돼지들은 뒤에서 인간들이 누렸던 혜택과 편의를 그대로 즐기고 있는 위선자였다. 농장의 실권을 장악한 돼지들은 다른 동물들 몰래 법을 바꾸고, 인간들이 먹던 음식을 먹고 인간들이 살던 집에서 살았다. 다른 동물들은 점점 돼지들에게 불만을 품었지만, 돼지들을 지키는 개들 때문에 권력자들에게 반항조차 하지 못하고 착취당한다.

오웰은 자신의 작품을 통해 인간이 집단을 이뤘을 때 나타나는 집단의 광기와 맹신을 항상 경계했다.《동물농장》을 통해 나타난, 소련 정권에 대한 비판적 시각은 그가 상류층 집단과 어울리지 못해 아웃사이더로 지냈던 유년기 시절의 영향이 컸다. 가난하지만 천재였던 '비운의 흙수저' 오웰은 상류층 사회와 하층민의 삶 두 영역에 모두 있으면서 이념의 장막 너머에 깔려 있던 위선과 모순을 관철하는 시각을 가질 수 있었다.

《동물농장》이 출판된 후 오웰은 일약에 유명 작가로 거듭났다. 많은 이들이 그를 만나고 싶어 했다. 하지만 그는 《동물농장》을 출간한 후에 스코틀랜드 서해안의 주라 섬으로 들어가 집필 생활을 했다. 사생활 보호를 위한 이유도 있었지만 더는 대도시 안에서 지낼 수 없었기 때문이다. 원인은 그의 오랜 지병인 결핵 때문이었다.

: 결핵이 써 내려간 소설의 결말

지금이야 결핵이라는 질병이 익숙한 질병도 아니고 걸리는 사람도 적지만, 역사적으로 인류를 가장 많이 죽인 질병 중 하나다. 연구에 따르면, 결핵은 기원전 7000년경부터 있었다고 한다. 결핵에 걸리는 환자는 피부가 창백해졌기 때문에 흑사병(페스트)의 반대인 '백사병'으로 불렸다. 몸이 비쩍 마르고 힘을 빼앗긴 것처럼 무기력해졌기 때문에 소모병Phthisis이라고도 불렸다. 하지만 결핵에 걸리면 나쁘게 말하면 창백해졌고, 좋게 말하면 예쁘게 보였다. 피부가 하얘지고 상대적으로 입술과 뺨이 붉게 보였기 때문이다. 나이 든 노인층이 아니라 한창 꽃다운 나이의 젊은 층이 많이 걸렸기에 결핵은 '예술가나 귀족층이 걸리는 병'으로 낭만적인 이미지를 가지기 시작했다. 실제로《날개》라는 작품을 썼던 소설가 이상과《변신Die Verwandlung》을 썼던 유대계 독일 소설가 프란츠 카프카Franz Kafka 등 많은 예술가가 결핵으로 삶을 마감했다. 결핵이 흔한 질병이 아닌 것 같지만 의외로 우리나라는 10만 명당 3.8명으로 OECD 국가 중 결핵 발병률 1위 자리를 꾸준히 유지하고 있다.

결핵에 걸려본 사람은 알겠지만 상당히 치료하기 까다로운 병이다. 환자의 기침이나 대화 중 침방울을 통해 직접 감염이 되기 때문에 전파력도 굉장히 강하다. 치료 기간이 기본적으로 6개월이나 걸린다는 점도 치료를 어렵게 하는 요인 중 하나다. 지금은 결핵 치료약으로 4가지 약이 사용된다. 이소니아지드Isoniazid, 리팜피신Rifampin, 에탐부톨Ethambutol, 피라지나마이드Pyrazinamide를 쓴다. 하나의 병을 치료하는 데 약을 4가지나 먹는다니, 상대적으로 약이 많다고 느낄 수도 있지만 예전에는 결핵 치료를 위해 11가지나 되는 약을 먹었었다.

보통 약을 먹으면 적은 용량으로 시작해서 천천히 용량을 늘려가는 것이 보통인데, 결핵 치료는 처음부터 고용량으로 시작한다. 그것도 1일 1회로 한꺼번에 약을 복용한다. 결핵균이 다신 살아나지 못하도록 초전박살을 내버리는 전략을 쓰는 것이다. 여기서 결핵균이 얼마나 지독한 녀석인지 알 수 있다. 이는 결핵균의 성질과 연관이 있다. 일반 세균이 항생제라는 총알이 빗발치는 상황에서도 인체라는 고지를 점령하기 위해 무턱대고 달려드는 멍청이라면, 결핵균은 오랜 시간 동안 천천히, 사주 경계를 하며 조심스럽게 고지를 점령해나가는 특공대와 같다. 몸 안에 잠복해 있다가 면역이 약해졌다 싶으면 '이때다!' 하며 슬금슬금 정복해나가기 때문에, 감염된 후 증상이 나타나기까지 몇 년이 걸리기도 한다.

결핵균은 매우 용의주도해 약물 내성도 쉽게 생긴다. 결핵 치료제의 성공률을 떨어뜨리는 가장 큰 이유 중 하나가 이 약물 내성이다. 하루에 4알이나 되는 약을 장기간 먹는 것이 힘들어 임의로 그만두게 되면, 결핵균은 어설픈 공격을 받고 다시 살아남아서 그와 같은 약에는 피해를 덜 받는 내성균이 된다. 광범위 항생제에도 효과가 없다. 오웰이 결핵에 걸린 시점에도 그 유명한 항생제 페니실린과 설파제Sulfa Drug가 있었지만, 결핵 치료에는 효과가 없었다. 그래서 당시 결핵 환자들이 할 수 있는 치료라고는 대도시의 더러운 대기를 벗어나 맑은 공기를 쐬는 요양원에 들어가는 것 말고는 마땅한 방법이 없었다. 맑은 공기를 쐬는 것은 그 나름대로 효과가 있었다고 한다. 오웰이 엄청난 골초였다는 점을 빼면 말이다.

"또 글을 쓰고 계시는군요."

"네, 그렇습니다. 아마 이 책이 나의 마지막 책이 될 것 같군요. 죽기 전에 이 '피 묻은 책'을 끝낼 수 있기를 그저 바랄 뿐입니다."

그는 자신이 쓰고 있는 원고를 '피 묻은 책'이라고 불렀다. 실제로 그가 이 원고를 쓰는 중간중간 기침과 심한 각혈을 하곤 했으니 아주 틀린 말도 아니었다. 의사는 그의 유작이 될 원고의 제목을 보고 오웰에게 물었다.

"그런데 제목이 왜 《1984》입니까?"

"지금이 1948년이니까요. 앞뒤 숫자만 바꾼 것입니다. 아마 이때쯤이면 세상은 우리가 생각한 것 이상으로 많은 것이 바뀌어 있겠지요. 결핵 때문에 제가 이 글을 망친 것은 아닌지 모르겠습니다."

"미래의 모습이라. 좋은 세상입니까, 나쁜 세상입니까?"

"글쎄요."

《1984》는 오웰의 상상으로 만든 '전체주의가 지배하는 미래 사회'가 배경인 디스토피아 소설이다. 가상의 국가 '오세아니아'에서 가상의 인물인 '빅 브라더'가 사람들을 통제하고 체제를 유지한다. 사람들에게는 각자 텔레스크린이라는 기계가 있는데, 이 기계를 통해 국민들의 일거수일투족을 감시하고 정권의 사상과 이념을 끊임없이 민중들에게 주입한다. 국민 개개인은 어떠한 독자적인 의견을 내거나 생각을 해서도 안 되고, 심지어 감정마저 통제당한다. 남녀가 관계를 맺는 것도 '사회 구성원을 만들기 위한'이라는 명목의 정부 허락이 있을 때만 가능했다. 그곳에서 정부 공무원인 윈스턴 스미스가 일기를 기록하는 과정에서 현재 정권에 대한 생각과 의심을 품게 되고, 연인 줄리아와 함께 정부의 통제에 저항하기 시작한다. 하지만 이야기의 마지막은 기관에 붙잡혀 모진 고문을 당하고, 둘은 결국 서로를 배신하고 다시금 정부에 복종하는 암울한 결말로 꿈도 희망도 없이 끝난다.

1949년에 나온 작품이지만 그 속에 담긴 전체주의에 대한 냉철한 비판과 경고는 오늘날 우리 사회에도 끊임없이 영향을 끼치고 있다. 소설 중의 빅 브라더는 국민을 감시하고 통제하는데, 이 용어는 지금도 개인을 통제하고 감시하는 정부 권력이나 기업을 이야기할 때 쓰인다. 거짓 뉴스와 선동에 쉽게 속고 이를 맹목적으로 믿는 현대인들의 모습은 소설 속 텔레스크린을 통해 정부의 사상에 세뇌당하고 묵묵히 따르는 국민의 모습과 닮아 있다.

재미있는 사실은 《1984》의 암울한 분위기와 비극적인 결말에 그의 지병인 결핵이 한몫했다는 것이다. 오웰은 본인 스스로 자신의 병이 심하지 않았다면 소설의 내용도 그렇게 어둡지 않았을 것이라 밝힌 바 있다. 마땅한 치료제도 없이 그저 죽는 순간만을 기다릴 수밖에 없었던 그의 무기력함과 피할 수 없는 죽음에 대한 공포가 소설에 그대로 투영된 것이었다. 오웰은 1950년에 사망했는데, 그의 지병이 조금 더 심각했더라면 《1984》는 세상의 빛을 보지 못했을 것이다. 마지막에 그의 삶을 구해줄 희망이 나타났는데, 그 약은 바로 미국에서 개발된 한 신약이었다.

ː 흙에서 발견한 결핵 치료제

마이신은 오늘날 항생제를 말한다. 과거 처방됐던 항생제의 성분 중 대부분이 '마이신'으로 끝나는 이름이 많아 항생제를 마이신으로 자연스럽게 부르기 시작했다. 이 마이신의 원조가 됐던 약이 최초의 결핵 치료 항생제인 스트렙토마이신

Streptomycin이다.

미국의 세균학자 셀먼 왁스먼Selman Waksman을 한마디로 설명하자면, '흙에 미친 과학자'였다. 유년기 시절부터 그는 흙에 대한 애정과 낭만으로 가득했다. 흙은 동식물의 사체를 분해하는 죽음의 공간이자 동시에 새로운 생물이 태어나는 탄생의 공간이다. 무한한 포용력과 가능성을 가진 흙은 미국인들이 말하는 '어머니 대지Mother Earth'그 자체였다. 뉴욕 러트거스대학교에 진학한 후 그는 흙속에 사는 수많은 세균을 관찰하는 데 일생을 바쳤다. 그의 가장 큰 의문점 중 하나는 이것이었다.

'흙속에는 수많은 세균과 곰팡이가 살고 있는데, 왜 그 흙을 딛고 사는 인간은 병에 걸리지 않는 것일까?'

실제로 흙 1그램에는 3,000만에서 1억 마리나 되는 토양 미생물이 살고 있다. 그 많은 세균 중에 몇 가지만 질병을 일으키더라도 인간은 흙 위에서 살아갈 수 없을 터였다. 그래서 왁스먼은 '혹시 흙속의 미생물 중 다른 유해균

셀먼 왁스먼

을 죽이는 균이 있는 것은 아닐까?'라고 생각하게 됐다. 그리고 그 생각은 때마침 곰팡이가 만든 세균을 죽이는 물질인 페니실린의 발견으로 더욱 확신에 차게 됐다.

알렉산더 플레밍Alexander Fleming의 페니실린 발견은 당시 과학자들 사이에서 엄청난 센세이션을 불러일으켰다. 아울러 항생 물질에 대한 개념을 뒤집어놓았다. 세균을 죽이는 물질이라면 구하기 힘들면서 희귀한 물질이거나, 동·식물 같은 고차원 생물이 만들어낸 것으로 생각했는데, 정작 플레밍이 발견한 항생 물질은 그가 실수로 실험실에서 키운 곰팡이가 만들어낸 물질이었다. '등잔 밑이 어둡다'라는 말이 딱 이런 경우 아닐까? 그때부터 과학자들의 관심은 주변에서 관찰할 수 있는 세균 가득한 무언가로 향했다. 흙도 그중 하나였다.

그렇게 왁스먼은 토양 속 미생물을 관찰하다가 방선균 Achinomycetes이라는 균주를 발견하게 됐다. 그리고 이 균이 만들어내는 물질이 결핵균을 죽이는 모습을 보게 됐고, 이 물질이 결핵 치료제로 쓰일 수 있을 것이라 확신했다. 그리고 이 물질을 스트렙토마이신이라 명명했다. 균을 죽이는 모습에서 '생명에 저항한다'라는 뜻의 항생제라는 단어를 만든 것도 그였다. 그렇게 그는 결핵 치료제를 개발한 공로로 노벨상을 받았다.

미국에서 개발된 이 기적의 결핵 치료제에 대한 이야기는 바다 건너 영국까지 전해졌다. 그저 죽음을 기다리던 영국의 수많은 결핵 환자들은 어떻게든 이 기적의 신약을 구하고자 했다. 그러나 안타깝게도 당시 영국은 이 약을 수입할 능력이 없었다. 제2차 세계 대전으로 영국을 포함한 대부분의 유럽 국가들이 소모전으로 인해 경쟁력으로나 기술력으로나 파산 직전이었기 때문이다. 나라를 정상화하기 위해 무너진 공장과 기초 기반 시설을 복구할 돈도 부족한 판에 새로운 신약 도입은 언감생심이었다.

미국에서 스트렙토마이신을 사 오려면 달러가 필요했는데, 당시 영국 정부가 가지고 있던 미국 달러로 살 수 있는 스트렙토마이신의 양은 고작 50킬로그램 정도밖에 되지 않았다. 새로운 약의 기술을 자체적으로 생산할 수 있는 시설이나 인적 자원도 전혀 없었던 영국 정부는 먼저 자국에서 임상 시험을 거친 후 나중에 신약 수입 여부를 결정하고자 했다. 당연히 이 소식은 영국 전역으로 일파만파 퍼졌다. 임상 시험에는 치료제를 맞아보겠다는 수많은 지원자로 넘쳐났다. 실험에 참여할 자격이 되지 못하는 사람들은 발을 동동 굴렀다. 나이가 너무 많아서 실험에 참여하지 못한 오웰도 그중 하나였다.

: 생이 끝나더라도 작품은 계속된다

오웰은 급히 미국으로 전보를 보냈다. 전보를 받은 사람은 영국 보건부 장관이었던 어나이린 베번^{Aneurin Bevan}이었다. 그는 오웰이 스트렙토마이신을 직접 구매해 사용할 수 있도록 연줄을 놓아줬다. 오웰이 그를 알고 있었던 이유는 그가 사회주의 잡지 〈트리뷴^{The Tribune}〉에서 오웰의 전 편집자였기 때문이었다. 오웰이 약을 구매하는 대금은 그가 미국에서《동물농장》을 판매하고 난 수익금이 든 미국 계좌를 통해 치뤘다. 자신의 작품에서는 다른 동물들보다 맛있는 음식을 독차지한 돼지들의 불평등을 꼬집은 그였으나, 아이러니하게도 자신의 정치적 인맥과 작가적 명성 덕분에 기나긴 임상 시험을 기다릴 필요 없이 신약이라는 특혜를 받을 수 있었다. 그 덕에 몇 주도 안 돼 약을 구할 수 있었고, 스트렙토마이신을 맞는 최초의 스코틀랜드 사람이 됐다.

그는 매일 1그램의 스트렙토마이신을 투여받았다. 기적적으로 하루하루 증상이 눈에 띄게 좋아져서 치료하던 의사들도 놀랄 정도였다. 피가 나오던 기침도 잦아들었고 그의 몸에는 생기가 돌기 시작했다. 가벼운 일상생활도 가능해졌다. 하지만 행운은 그리 오래가지 못했다. 치료를 시작한 지 몇 주 후부터 스트렙토마이신에 의한 심한 약물 알레르기 반응을 보였다. 피부에는 물집이 생기고 빨간 반점과 함께 진물이 흘러내리기 시작했다. 입안 점막은 완전히 벗겨져서 음식물을 삼키기도 어려울 지경이었다. 아침에 일어나면 입안에 피가 흥건했고 손톱까지 빠지기 시작했다. 치료가 시작된 지 50일 후, 결국 그는 스트렙토마이신 투여를 중단하게 됐다.

약물 알레르기 증상은 스트렙토마이신 투여를 중단한 후 금세 호전됐으나, 문제는 완치되지 않았던 결핵이 재발했다는 점이었다. 그러나 이제 더는 방법이 없었다. 그는 남은 스트렙토마이신을 병원에 기부했고, 기부한 약은 결핵에 걸렸던 두 의사의 아내를 치료하는 데 쓰였다. 그는 계속해서 글을 쓰고 싶어 했지만 자신에게 남은 세월이 얼마 되지 않았음을 짐작했다. 손에 들려 있는 이 '피 묻은 원고'가 자신의 마지막 유작이 될지도 모른다 생각했고, 오웰은 다시 마음을 다잡고 타자기를 두드리기 시작했다.

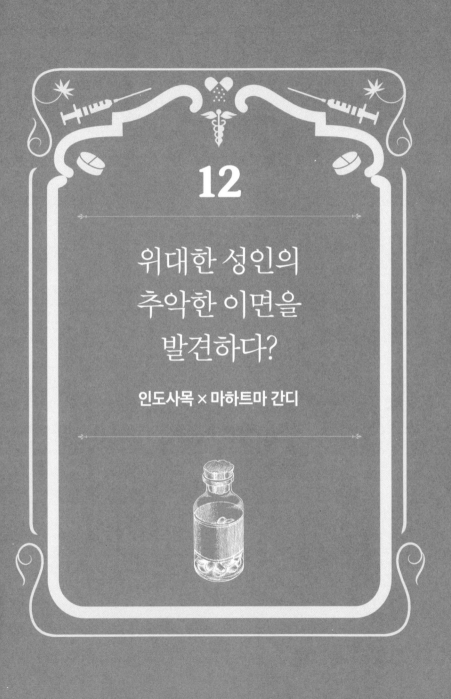

12

위대한 성인의
추악한 이면을
발견하다?

인도사목 × 마하트마 간디

한 생명의 '살아 있음'을 표현하는 가장 대표적인 소리는 아마도 심장 박동 소리가 아닐까? 주먹 2개 크기에 두꺼운 근육으로 이뤄진 이 기관은 한 생명을 살아 있게 하는 중요한 역할을 한다. 바로 끊임없이 수축과 이완을 반복하며 신체 각 기관에 필요한 혈액을 공급하는 일이다. 법적으로 심장이 더 이상 뛰지 않을 때 의료진은 생명의 삶이 끝났다는 사망 판정을 내린다. 그렇기에 인류는 오래전부터 심장을 생명의 상징으로 여겨왔고, 심장 박동 소리를 통해 존재의 생명력을 가늠했다.

　흔히들 심장이 수축과 이완을 할 때 '두근두근' 소리가 난다고들 알고 있지만, 정확히 말하자면 아니다. 심장 안에는 심방과 심실이라 부르는 4개의 방이 나뉘어 있다. 혈액은 차례로

4개의 방을 드나드는데, 이때 방과 방 사이에 있는 '판막'이라는 문을 연다. 그 판막을 여닫을 때 나는 소리가 바로 '두근두근' 소리다.

인도 델리의 한 국립박물관에 가면 일정한 박동으로 뛰는 심장 소리를 들을 수 있다. 우리가 흔히 알고 있는 심장 박동 소리지만, 누구의 심장 소리인 줄 알면 조금 특별하게 느껴질 것이다. 인도 민족 운동 지도자인 마하트마 간디Mahatma Gandhi의 심장 소리이기 때문이다.

그곳에는 오래전부터 그의 건강 기록 자료가 보관돼 있다. 박물관 소장은 관광객들에게 간디의 건강 기록 자료를 보여주며 전시하기보다 조금 더 창의적인 전시 방법을 기획했다. 그

마하트마 간디

의 심전도 자료를 분석해 실제 심장 박동 소리를 구현해 들을 수 있게 한 것이다. 이 심장 박동 소리 전시물은 '관람객들과 정서적인 교감을 위해' 기획됐다고 한다. 실제 효과가 있는지는 모르겠으나 인도인들에게 간디라는 인

240

물이 얼마나 정신적으로 중요한 존재인지는 알 수 있다. 그렇지 않고서야 그의 생일을 국경일로 지정하고, 화폐에 그의 얼굴을 새기고, 왜 그의 이름 앞에 '위대한 정신'을 뜻하는 '마하트마'를 붙였겠는가?

그렇다면 건강 기록 자료에 남아 있는 이 위대한 성인의 건강 상태는 과연 어떠했을까? 간디는 평생을 채식주의자로 살았고 금욕적인 생활을 했다고 널리 알려져 있다. 하루 10킬로미터 걷기를 권장할 만큼 꾸준히 운동으로 체력을 관리했다. 또한 명상과 호흡법으로 정신 수양을 했다고 하니 일반인들보다 특별한 건강 상태를 가지고 있지 않았을까?

그의 혈액 검사 지표를 살펴보자. 먼저 그의 혈당은 40밀리그램/데시리터$^{mg/dl}$로 나온다. 정상치가 70밀리그램/데시리터 정도임을 생각하면 저혈당 상태임을 알 수 있다. 저혈당 상태가 건강한 상태를 말하는 것은 아니다. 집중력 저하, 근육 떨림, 극심한 피로감, 심하면 의식 상실까지 일으킬 수 있기 때문이다. 여기에는 그가 평소 단식과 채식을 한 식습관의 결과가 고스란히 드러난다.

또 하나 눈에 띄는 특징은 헤모글로빈^{Hemoglobin} 수치다. 간디의 헤모글로빈 수치는 14.96그램/데시리터$^{g/dl}$인데, 정상치인 13~17의 중간 수치를 유지하고 있다. 헤모글로빈은 혈액 내에 존재하는 색소 단백질로서 인체 기관에 산소를 전달하는 역할을 한다. 채식을 하면 육식보다 상대적으로 체내에 흡수되는 철분의 양이 적어 이것은 곧 헤모글로빈의 부족으로 이어진다. 헤모글로빈이 부족하면 두통, 탈모, 심박수 증가 등이 나타나고, 가장 흔하게 발생하는 증상은 빈혈이다.

의외의 사실은 간디가 심각한 고혈압을 앓고 있었다는 것이다. 혈압은 심장이 혈액을 뿜어낼 때 혈관이 받는 압력을 말한다. 즉, 얼마나 세게 심장이 피를 밀어내는지 알려주는 수치다. 혈압이 너무 낮으면 혈액이 인체 구석구석 퍼져나가기 힘드니 문제고, 혈압이 너무 높으면 압력을 받은 혈관과 기관이 손상되니 이 역시 문제다. 1936년에 측정한 그의 혈압은 수축기 180수은주밀리미터mmHg, 이완기 110수은주밀리미터였다. 고혈압 진단 기준인 140/90수은주밀리미터와 비교하면 상당히 중증임을 알 수 있다.

그렇다면 간디는 왜 고혈압을 앓았을까? 혈압이 높아지는 이유는 여러 가지가 있다. 신장 질환, 내분비 질환, 유전력, 식습관, 생활 습관, 비만, 심리적인 스트레스에 의해서도 혈압이 증가하기도 한다. 인도의료연구위원회Indian Council of Medical Research, ICMR는 그의 빈번한 단식이 높은 혈압의 원인이라고 주장한다. 단식은 혈압을 낮추고 건강에 도움이 된다고 알려져 있지만, 간디의 경우 단식을 정치적 운동의 목적으로 행했기 때문에 건강을 해치면서까지 장기간 무리하게 단식을 해서 고혈압이 생겼을지도 모른다.

우리는 흔히 화가 나거나 스트레스를 받는 상황이 되면 '혈압 오른다', '혈압 뻗친다'라는 표현을 쓴다. 실제로 혈압은 심리적인 요인에 의해 자주 변한다. 이 경우 시간이 지나면 자연스레 혈압은 정상적으로 돌아오지만, 스트레스를 너무 자주 받으면 지속해서 혈압이 올라갔다 내려가서 고혈압 상태로 고착화되기 쉽다. "스트레스는 만병의 근원이다"라는 말이 괜히 있는 것이 아니다. 하지만 모든 고혈압의 원인을 스트레스로 단정 지을 수는 없다. 전체 고혈압 환자의 95퍼센트가 원인을 알수 없는 본태성 고혈압 환자이기 때문이다. 그래서 간디의 고혈압 원인 역시 그저 추측할 수밖에 없다. 혹시 또 모를 일이다. 아무리 성인 간디라도 속으로는 인도 독립운동으로 스트레스를 받았을지 누가 알겠는가.

: 감각의 완전한 통제

간디가 위대한 정신으로 칭송받는 까닭은 '비폭력 무저항 운동'이라는 특별한 정체성 때문이다. 영국에게 지배당한 인도에서는 민중들의 수많은 폭력 시위와 무장 운동이 일어났다. 그 와중에 간디는 비폭력 무저항 정신을 고수했다. 민족 해방 운동을 위해 자신이 직접 물레를 돌리고, 영국의 소금세를 반대하기 위해 무장 시위 대신 24일을 걸어 바닷가로 가서 소금을 채취하는 운동을 했다. '이에는 이, 총에는 총'이라는 쉬운 방법을 포기하고 권력에 대항하는 가장 고귀한 방법을 선택한 것이다. '만약 누군가 너의 오른뺨을 치거든 왼뺨까지 내어 주어라.' 그리스도교의 예수도 그러지 않았는가?

미국의 흑인 인권 운동 상징인 마틴 루터 킹Martin Luther King의 무저항 운동 역시 그러했다. 그는 흑인이 버스 좌석으로 차별받는 것에 항의하기 위해 버스 보이콧 운동을 벌여 승리를 거뒀다. 역사적으로 비폭력 무저항 운동은 인간의 감정과 본능을 다스리고 인간이 행할 수 있는 가장 고귀한 저항 운동이었다. 폭력과 무장 투쟁을 통한 운동은 쉽고 즉각적이다. 하지만 그 목적이 선한들 수단과 방법이 정당하지 않다면, 그 방법이 권력자들의 행태와 다르지 않다면, 결국 그들과 다름없는 존재가 되고 말 것이다. 더군다나 대부분은 갈등이 해결되지 않고 오히려 깊어지고 서로가 상처를 주고받는 고통의 굴레에 빠지기 쉽다.

반면 비폭력 무저항 운동은 쉽지 않지만, 그런 폭력과 분노의 무한 연쇄를 끊어낼 수는 있다. 이를 위해선 '자신이 가는 길에 대한 믿음', '흔들리지 않는 신념', '더 나은 존재가 되기 위한 의지'가 있어야만 한다. 그렇기에 간디의 정신과 운동은 국가와 시대를 넘어 오랫동안 존경받을 만하다.

다만 그의 그런 고귀한 정신을 비단 '개인의 정신력' 하나로만 설명할 수 있을까? 의문을 품은 학자들은 평소 그의 생활사에서 원동력을 찾아보고자 했다. 그중 하나로 꼽히는 것이 인도 전통 의학 아유르베다Ayurveda다. 아마 요가나 마사지에 관심이 많은 사람이라면 아유르베다 의학, 아유르베다 테라피라는 말을 어디서 들어본 적 있을 것이다. 아유르베다는 인도의 전승 의학으로 산스크리트어로 '삶의 앎'이라고 한다. 한국에 '한의학'이 있다면 인도에는 '아유르베다'가 있다고 생각하면 쉬울 것이다. 많은 사람이 의학의 한 종류라고만 알고 있지만, 아유르베다의 영역은 삶의 태도, 정신, 식습관, 운동, 철학을 포괄하며 심신이 건강한 삶을 지향한다.

아유르베다를 한 단어로 표현하면 '균형'이다. 서양 의학은 환자가 병에 걸리면 그 질병에 초점을 맞춘다. 병이 생긴 부위에 집중해 원인을 찾고 치료를 한다. 그러나 아유르베다는 육체의 균형에 초점을 맞춘다. 인체의 균형이 깨졌을 때 질병이 생긴다고 보고 단순히 병을 치료하는 것을 넘어서 삶과 정신의 개선까지 치료의 영역으로 본다.

간디는 어렸을 때부터 이 아유르베다에 대한 관심과 경험이 풍부했고, 이것이 의학에 대한 관심으로 이어져 실제 의사가 되려고도 했었다. 아유르베다에 나오는 '절제된 식사', '충분한 수면', '금욕', '명상'을 생활화하며 그는 삶과 정신의 균형을 유지하기 위해 애썼다. 아유르베다를 실천하며 그가 터득한 궁극의 기술은 '감각의 완전한 통제'였다.

우리는 살면서 수많은 감정과 마주치고 또 그 감정들에 휘둘릴 때가 있다. 운전대만 잡으면 사람이 돌변하거나, 서로 양보하면 될 일을 굳이 키워 칼부림으로 이어지기도 하고, 그냥 '화가 난다'라는 이유로 일면식도 없는 사람을 살해하는 사건처럼 말이다. 정치에서는 이성과 논리가 아닌, '감정과 분노'를 이용한 정치가 대중의 지지를 받기도 한다.

한편으로는 감정에 휩쓸려 절망에 빠지는 경우도 있다. 특히 우리나라는 OECD 국가 중 가장 높은 자살률을 가진 국가다. 2021년 기준 하루 37명이 자살을 하고 그 수는 꾸준히 증가하고 있다. 10~30대 사망 원인 1위가 자살이다. 아무리 삶이 팍팍하다고 하지만 국내 총생산^{Gross Domestic Product, GDP} 수준 세계 10위의 국가에서 이런 높은 자살률의 원인을 단순히 경제적·환경적 원인으로만 한정 짓기는 어렵다.

분노와 절망이 양극단으로 치닫고 있는 지금, 우리는 간디의 정신과 삶에 주목할 필요가 있다. 비록 고혈압이었을지언정 그는 자신의 행동과 사고를 절제할 줄 아는 '자기 컨트롤의 달인'이었기 때문이다. 그리고 그가 균형 잡힌 삶을 이룰 수 있었던 비밀 중 하나는 즐겨 마시던 차에 있었다. 바로 인도사목^{Rauwolfia Serpentina}이다.

⁝ 인도약방의 감초

'약방의 감초'라는 말이 있다. 어디든 빠지지 않는 약초라는 뜻이다. 그만큼 한방에서 감초는 많은 한약의 재료로 쓰인다. 한의학에 '감초'가 있다면 아유르베다 의학에는 '인도사목'이 있다. 우리가 인도 하면 가장 먼저 떠올리는 약초는 보통 카레나 강황이겠지만, 인도사목도 많이 쓰이는 약초 중 하나다. 인도에서 많이 쓰고 그 뿌리 모양이 뱀처럼 굽어 있다고 해서 '인도사목'이라는 이름이 붙었다.

인도사목은 인도, 태국, 말레이시아와 같은 열대 아시아 산림에서 자란다. 정식 생약명은 이 식물을 발견한 동양식물 연구가인 독일 의사 이름에서 따와서 라우월피아Rauvolfia라 부르고, 사르파간다Sarpagandha로 불리기도 한다. 고대 인도인들은 몇천 년 전부터 이 식물을 사용해왔다. 뱀에 물렸을 때 해독제로도 쓰고 열을 식히는 해열제로도 썼다. 하지만 가장 많이 사용된 용도는 고혈압과 신경 안정제 용도다. 신기하게도 이 약초를 차로 우려서 마시면 흥분된 마음이 가라앉고 차분해졌다. 광기를 치료하는 데도 효과가 있었다고 한다. 간디 역시 인도 독립운동 활동을 하고 일과를 마친 후에는 집으로 돌아와 인도사목 차를 마셨다. 그리고 명상을 통해 예민해진 정신과 분노로 지친 육신을 달랬다.

인도사목

수많은 과학자와 화학 기술자들은 이 오래된 약초에 무슨 성분이 들어 있는지 궁금해했다. 1952년, 드디어 인도사목에서 그 성분을 분리했다. 그것은 레세르핀Reserpine이라는 성분이었다. 우리가 운동을 격하게 하거나 싸우거나 할 때 흔히들 '아드레날린Adrenaline이 분비된다'라고 표현한다. 이 아드레날린은 에피네프린Epinephrine 이라고도 부르고 '스트레스 호르몬'이라고도 한다.

스트레스를 받으면 우리 몸의 교감 신경이 활성화되고 에피네프린이 분비되는데, 이 물질은 인체에 투쟁-회피 반응을 일으킨다. 원시인이 길을 가다 사자를 만난 상황을 생각해보자. 원시인은 사자와 싸우든지, 도망가든지 둘 중 선택해야 한다. 창을 들고 있는 팔과 다리 근육은 바짝 긴장하고 눈동자는 커지고 호흡은 가빠진다. 심장은 두근두근 빠르게 뛰기 시작하고 신경은 날카로워진다. 이때 심장이 뛰는 박동수와 심장이 뿜어내는 혈액의 양이 증가해 결과적으로 혈압이 올라간다. 레세르핀은 이 아드레날린을 고갈시키는 역할을 한다. 즉, 교감 신경의 과도한 활성을 막는다. 그래서 격하게 뛰던 심장과 혈압은 가라앉고 심리적으로 흥분됐던 몸이 진정되는 것이다.

이 사실이 밝혀지고 나서 3년 뒤 레세르핀은 미국 식품의약처Food and Drug Administration, FDA의 승인을 받고 고혈압 약으로 사용됐다. 하지만 고혈압의 원인을 단순히 교감 신경의 활성 때문만이라 단정할 수 없고, 무엇보다 레세르핀이 과연 좋은 고혈압 약인지에 대해서도 논란이 많았다. 그래서 지금은 다른 효과적이고 안전한 약들이 많이 등장해 레세르핀을 대신해 고혈압 치료에 사용되고 있다.

우리는 '스트레스는 만병의 근원'이라며 스트레스를 죄악시하지만, 적당한 스트레스는 업무의 효율을 높이고 주변 환경에 기민하게 반응해 생존율을 높인다. 마찬가지로 에피네프린 역시 우리가 생존하는 데 반드시 필요한 물질이기 때문에 고갈시키는 것이 능사는 아니다. 무엇보다 에피네프린은 심정지가 왔을 때 마지막 희망으로 쓰는 응급약이기도 하다. 의학 드라마나 영화를 보면 수술실에서 심정지가 온 환자를 소생시키는 장면이 나오는데, 심장 박동기를 충전하며 의사가 외치는 대사가 있다.

"시간 없어! 에피네프린 1밀리그램 투여해!"

에피네프린이 순간적으로 심장의 능력을 강화해주기 때문에 심정지 환자를 소생시켜주는 역할을 한다. 그렇게 고혈압약으로써 레세르핀은 점차 역사의 뒤안길로 사라지는 듯했다. 그러다가 진정제 분야에서 또다시 주목받게 된다.

ː 우울증 약의 토대가 되다

"자, 당신은 지금부터 깊은 잠에 빠져듭니다. 당신의 어린 시절로 돌아갑니다."

"아버지가 술을 마시고 들어와서 어머니를 때렸어요."

"지금 당신이 가지고 있는 우울증은 어린 시절 아버지로부터 받은 트라우마 때문이군요."

'우울증 치료와 정신과' 하면 이처럼 방 한가운데 거대한 의자에 누워서 자신의 어린 시절을 이야기하는 내담자와 상담 의사가 떠오를 것이다. 레세르핀이 발견되기 이전에 사람들은 우울증의 원인이 단순히 개인의 정신과 유년 시절의 기억, 사고방식에 있다고 생각했다. 그래서 우울증을 치료하기 위해 환자를 침대에 눕혀놓고 그들의 어린 시절에서 우울증의 원인이 된 마음의 상처를 찾아가는 상담이 주 치료법이었다. 이런 상담 치료로 밝혀진 우울증의 원인은 너 나 할 것 없이 '어린 시절 부모로부터의 학대와 방치'로 결론 내려졌다. 하지만 레세르핀의 발견으로 우울증의 원인이 단순히 정신의 문제를 떠나 물질적 요인, 정확히 말하면 '신경 전달 물질'이 원인이 될 수 있다는 근거를 제공했다.

레세르핀이 고혈압 약으로 쓰이던 1950년대, 고혈압 치료를 받던 환자들에게 특이한 부작용이 나타났다. 일반 환자에게 는 큰 이상이 없었지만 우울증을 앓고 있던 환자에게 이 약을 처방하니 환자의 20퍼센트가 기존에 가지고 있던 우울증이 악화됐다.

'왜 혈압이 낮아지는데 정신적인 텐션도 떨어지지?'

이는 현대 의학의 지식으로 살펴보면 충분히 이해가 갈 만한 결과다. 에피네프린은 우리 몸을 '흥분시키는 작용'을 한다. 반면 레세르핀은 에피네프린의 양을 줄여서 과도하게 흥분된 인체를 진정시킨다. 여기까지는 좋다. 하지만 평소에도 차분한 사람이 레세르핀을 복용한다면 어떻게 될까? 오히려 너무 차분해져서 마음이 축 가라앉아버리게 된다. 평소에 우울증을 앓고 있던 사람이라면? 우울증이 더 심해지게 된다. 레세르핀의 이 새로운 발견은 진정제로써의 가능성보다 더 큰 의의를 가져왔다. '우울증이 어떻게 일어나는지에 대한 힌트'를 찾게 해줬기 때문이다.

"레세르핀이 에피네프린을 억제해 우울증을 악화시킨다는 말은, 즉 우울증의 원인이 정신 문제 때문이 아니라 신경 전달 물질의 문제다"라는 가설로 이어졌다. 이것이 오늘날 우울증 발생 원인으로 가장 잘 알려진 가설인 모노아민 가설Monoamine Hypothesis이다. 모노아민은 도파민, 에피네프린, 노르에피네프린

Norepinephrine, 세로토닌Serotonin 등 여러 종류의 신경 전달 물질을 통칭하는 말이다. 이와 같은 신경 전달 물질의 조절을 통해 '정신'이라는 금단의 영역을 조절할 수 있는 약들, 즉 오늘날 우리가 쓰는 항우울제 개발의 토대가 됐다. 어려운 용어지만 항우울제인 선택적 세로토닌 재흡수 억제제Selective Serotonin Reuptake Inhabator, SSRI, 노르아드레날린 재흡수 억제제Norepinephrine Reuptake Inhibitor, NRI, 모노아민 산화효소 억제제MonoAmine Oxidase Inhibitors, MAOI, 세로토닌 수용체 효현제Serotonin 5-HT Receptor Agonist 모두 이 인도사목이라는 약초에서 시작됐다. 흥분을 가라앉히는 약에서 시작해 그 끝은 항우울제라니. 인도사목은 분노와 절망이라는 인간 감정 양극단에서 함께 존재했다고 봐도 될 듯하다.

: 간디가 가진 양극단의 모습

역사는 그것을 집필하는 이들의 주관이 들어갈 수밖에 없다. 그래서 위대한 위인 역시 사실이 왜곡되거나 과장되고 은폐되기도 한다. 성인으로 추앙받던 간디 역시 최근 감춰졌던 어두운 모습들이 세상에 알려지기 시작했다. 우리가 아는 간디는 "모든 인간은 평등하다"라고 외친 평등주의자지만, 사실 인도 계급 체계인 카스트Caste 제도를 옹호하는 인물이기도 했다. "사랑과 온정으로 천민을 대하라", "남아프리카 흑인보다 인도인이 낫다" 등 인종 차별적인 발언도 서슴지 않았다.

그는 영국의 지배에 맞서 싸운 성인이지만, 동시에 자신의 출세를 위해 영국에 누구보다 충성했던 인물이기도 했다. 그는 제1차 세계 대전 때 영국군 모병관이 돼 인도인들에게 영국군 참여를 독려했고, 그를 따라 150만 명의 인도인들이 전쟁터에 뛰어들었다. 그러다 자신의 영향력이 커지고 영국이 지배하는 인도에서 자신의 정치적 한계를 느끼자 영국으로부터 등을 돌렸던 기회주의자였다. 그의 또 다른 이면은 사생활에서도 드러난다. 〈뉴욕타임스The New York Times〉 편집장이던 조셉 렐리벨드 Joseph Lelyveld가 쓴 《위대한 영혼Great Soul》을 보면 그가 동성애 성향을 가지고 있으며, 한때 가족을 버리고 자신의 동성 애인과 함께 동거했다는 내용이 나온다. 또한 수행을 목적으로 어린 여성과 동침을 하기도 했다. 그는 자신을 따르던 여성에게 이렇게 말했다고 한다.

"아무리 노력해도 내 신체는 흥분 상태다."

간디의 여러 가지 추문과 최근에 드러난 논란들에 대해 말들이 많지만, 그럼에도 많은 이들이 간디를 '영국으로부터 인도를 독립시킨 독립운동가', '비폭력 저항 운동의 선구자'로 추

앙하고 있다. 과연 무엇이 진실일까? 그가 보여줬던 성인으로

서의 모습은 사실 인도사목이라는 약초가 대신 그 역할을 수행

해줬던 것은 아닐까?

살리려는 자와 죽이려는 자를 둘러싼 숨막히는 약의 역사

히스토리 × 메디슨

초판 1쇄 발행 2022년 6월 3일

지은이 송은호
펴낸이 민혜영
펴낸곳 (주)카시오페아 출판사
주소 서울시 마포구 월드컵로 14길 56, 2층
전화 02-303-5580 | **팩스** 02-2179-8768
홈페이지 www.cassiopeiabook.com | **전자우편** editor@cassiopeiabook.com
출판등록 2012년 12월 27일 제2014-000277호
책임편집 진다영 | **책임디자인** 최예슬
편집 최유진, 이수민, 진다영 | **디자인** 이성희, 최예슬
마케팅 허경아, 홍수연, 이서우, 변승주

©송은호, 2022
ISBN 979-11-6827-037-4   03900